RESUMO

O trabalho apresentado tem como objeto a duplicata virtual, verificando-se como esse título eletrônico relaciona-se com a disciplina própria dos títulos de crédito, com princípios, regras e institutos que lhe são peculiares e que embasam o Direito Cambiário. O objetivo principal é analisar a questão referente à executividade desse título eletrônico, e os seus desdobramentos frente ao regramento consolidado dos títulos de crédito, cuja legalidade e segurança jurídica devem ser observadas.

Palavras-chaves: Direito Comercial; Direito Cambiário; Títulos de Crédito; Títulos Eletrônicos; Duplicata Virtual.

ABSTRACT

The paper presented has as its object the virtual duplicate, verifying how this electronic title is related to the discipline proper of the credit titles, with principles, rules and institutes that are peculiar to it and that base the Exchange Law. The main objective is to analyze the question of the enforceability of this electronic title, and its unfolding in relation to the consolidated regulation of credit titles, whose legality and legal certainty must be observed.

Keywords: Commercial Law; Exchange Law; Credit Titles; Electronic Titles; Virtual Duplicate.

LISTA DE ABREVIATURAS E SIGLAS

Ag - Agravo

AgRg – Agravo Regimental

c/c – combinado com

CC – Código Civil

CCP – Coordenação de Comissões Permanentes

Cetip – Central de Custódia e de Liquidação Financeira de Títulos

CF – Constituição Federal

CNJ – Conselho Nacional de Justiça

CP – Código Penal

CPC – Código de Processo Civil

DJe – Diário da Justiça Eletrônico

MERCOSUL – Mercado Comum do Sul

Min. – Ministro

PL – Projeto de Lei

Rel. – Relator

REsp – Recurso Especial

STJ – Superior Tribunal de Justiça

UNCITRAL - Comissão das Nações Unidas para o Direito Comercial Internacional

SUMÁRIO

Introdução 06

1. Títulos de Crédito 11

2. Duplicata virtual 38

3. Títulos Eletrônicos 59

    3.1. O crédito escritural eletrônico e a duplicata virtual 63

    3.2. Protesto do boleto bancário 73

4. Execução e o meio eletrônico 83

    4.1. Execução singular 83

    4.2. Executividade da duplicata virtual 105

    4.3. Execução coletiva baseada no título de crédito 109

    4.4. A duplicata virtual como título eletrônico falencial 117

5. Projeto do Novo Código Comercial 125

Considerações Finais 141

Referências Bibliográficas 145

Introdução

As relações comerciais já não funcionam como antes, em que o papel tinha destaque para documentar todas as transações comerciais de uma forma geral. A tecnologia, cada vez mais aperfeiçoada, impõe novo ritmo às negociações, impondo rapidez e agilidade para a circulação de mercadorias e de crédito.

Com isso, surgem os chamados títulos eletrônicos, que são instrumentos hábeis a documentar, de forma desmaterializada, as transações entre os sujeitos de uma relação comercial, fazendo com que todo o processo, que outrora era feito por meio de papéis, seja realizado virtualmente.

O trabalho desenvolvido terá como tema os títulos eletrônicos, sendo seu objeto a duplicata virtual como título eletrônico. O objetivo principal é estudar a questão referente à exequibilidade da duplicata virtual e seus desdobramentos, além dos objetivos secundários que são analisar a importância da duplicata virtual nas relações comerciais atuais, abordar a questão referente ao seu protesto, e possibilitar um aprofundamento de algumas questões trazidas por esse objeto de estudo na doutrina e nos diversos julgados como simples, mas que precisam ser observadas de forma mais detida.

Frente a esse novo panorama negocial, surgiu o questionamento motivador principal dessa pesquisa que é como se comportariam esses títulos eletrônicos, introduzidos pelas relações comerciais, frente ao regramento do Direito Cambiário que possui dinâmica própria regulatória para os títulos de crédito.

O estudo sobre os títulos eletrônicos é bastante discutido, pois há um aparente descompasso entre a emissão de títulos desmaterializados e a segurança jurídica, que é trazida pela emissão dos títulos de crédito, pois aqueles títulos vêm sendo apresentados como se fossem títulos consolidados pela lei, com implicações no âmbito das relações comerciais e do ordenamento jurídico. Será feita uma análise do comportamento dos títulos eletrônicos, sua comparação com a disciplina dos títulos de crédito, e como vem sendo firmados os posicionamentos da doutrina e da jurisprudência nesses aspectos.

A relevância do tema volta-se também para o comportamento desses títulos decorrente do seu inadimplemento. Caso não seja honrado o pactuado nas relações comerciais, o detentor de um título de crédito frequentemente recorrerá ao Judiciário, a fim de atingir o seu objetivo, que é o pagamento do crédito, representado pelo documento físico ou eletrônico.

Desde a implementação pelo Conselho Nacional de Justiça (CNJ) em 2009, da meta para a informatização do Poder Judiciário, conta a Justiça Estadual, no ano de 2017, com o percentual de ingressos eletrônicos de 74% no 1º grau e de 42% no 2º grau[1]. Com isso, percebe-se que não é só o mundo negocial que está aderindo à virtualização dos seus instrumentos comerciais, mas também o Poder Judiciário de forma progressiva, a fim de trazer uma prestação jurisdicional mais célere, efetiva e com redução dos custos.

Decorrendo dessa dinâmica, outros questionamentos válidos merecem ser destacados como: se o Código Civil autorizaria a emissão de títulos eletrônicos que poderiam ser regidos pelas normas do Direito cambial; se o surgimento da chamada duplicata virtual, como título eletrônico, estaria

---
1 CONSELHO NACIONAL DE JUSTIÇA. Disponível em: <http://www.cnj.jus.br/files/conteudo/arquivo/2017/09/e5b5789fe59c137d43506b2e4ec4ed67.pdf>. Acesso em: 02 de novembro de 2017.

abarcada pela legislação imposta à duplicata cartularizada, permitindo, inclusive, a sua execução em juízo ou a instrumentalização do pedido de falência; e se é possível a cobrança do boleto bancário em juízo, no lugar de um título de crédito que preenche os formalismos legais.

A metodologia de trabalho será por meio de pesquisa à doutrina e à jurisprudência. O trabalho abordará títulos de crédito com seus princípios e regras, os títulos eletrônicos (em especial, a duplicata virtual), o projeto do novo Código Comercial (capítulo destinado aos títulos de crédito), o protesto do boleto bancário, finalizando-se com as consequências no ordenamento jurídico brasileiro da temática abordada.

No primeiro capítulo, estudar-se-á o arcabouço teórico que embasa a caracterização do genêro da norma jurídica, que se subdivide nas espécies princípios e regras, e como essa normatização permeia a disciplina dos títulos de créditos com as características e os institutos que lhe são peculiares.

No segundo capítulo, apresentar-se-á a duplicata prevista em lei, como um título de crédito com hipóteses restritivas de emissão, e como vem sendo progressivamente desmaterizalidada para a chamada duplicata virtual.

No terceiro capítulo, analisar-se-á como se procede à exequibilidade dos títulos eletrônicos, com foco no objeto de estudo da duplicata virtual, e suas implicações nas execuções singular e coletiva.

No quarto capítulo, verificar-se-á como o capítulo do projeto de lei do Novo Código Comercial, que trata dos títulos de créditos, abordará questões de suporte desses títulos, de circulabilidade, e dos institutos consolidados na disciplina do Direito Cambiário.

E, por fim, no quinto capítulo, abordar-se-ão os títulos eletrônicos, seus aspectos, sua forma específica de circulação de crédito, e a problemática do protesto do boleto bancário em substituição a esses títulos.

1. **Títulos de Crédito**

   Os títulos de crédito vêm sofrendo grandes alterações na sua disciplina normativa que comprometem a segurança jurídica das relações subjetivas do título. Dessa forma, o estudo dos princípios e das regras é de grande importância para se fixar os limites para eventuais abusos que venham a ser cometidos.

   Segundo Barroso[2], deve haver um equilíbrio entre regras e princípios, já que um modelo exclusivo de regras aniquilaria a flexibilidade e a abertura do ordenamento jurídico, enquanto que um sistema apenas de princípios afastaria a segurança jurídica, trazendo a imprevisibilidade interpretativa.

   Diante dessa circunstância, surge a premente necessidade de se estabelecer uma distinção abarcada pelo gênero norma jurídica, do qual princípios e regras são espécies, estabelecida por esse autor que aponta três critérios para se diferenciar uma espécie da outra: o conteúdo, a estrutura normativa, e o modo de aplicação, já que nem sempre a forma

---

2 BARROSO, Luís B. Curso de Direito Constitucional Contemporâneo. 4. ed. São Paulo: Saraiva, 2013, p. 226-234.

ou o conteúdo são suficientes para uma clara e precisa diferenciação.

Quanto ao conteúdo, os princípios são valores e fins públicos a serem perseguidos, enquanto as regras são comandos objetivos que prescrevem, proíbem ou permitem alguma situação jurídica. Insta salientar que, contemporaneamente, os princípios alcançaram certa normatividade, sendo bastante relevantes no centro do cenário jurídico ao se analisarem questões conflitantes, de forma que, por intermédio do juízo de ponderação, conciliem-se e compatibilizem-se os princípios que, por ventura, colidam no caso concreto.

Já com relação à estrutura normativa, os princípios apontam o que deve ser buscado, sem, contudo, apontarem o modo de aquisição desse objetivo; de outra forma, as regras apontam com maior precisão e descrição a sua aplicação, cabendo pouca ou nenhuma interpretação de sentido ao que é imposto pelo legislador.

No modo de aplicação, os princípios indicam um fim juridicamente relevante, são os chamados mandados de otimização. Há uma ponderação entre os princípios, sendo assim, avalia-se qual princípio deve prevalecer em maior grau, peso, através da ponderação de valores[3] no caso concreto. Em contrapartida, as regras são chamadas de mandados definitivos, que não podem coexistir como os princípios; aplica-se uma regra ou outra em determinada situação até que outra a revogue ou declare-a inválida.

Buscando exaltar o patamar da hermenêutica jurídica a que alcançaram os princípios, bem como da sua aplicação a situações que não puderam ser previstas pelo legislador, destaca Barroso[4]:

> Ademais, seu conteúdo aberto permite a atuação integrativa e construtiva do intérprete, capacitando-o a produzir a melhor solução para o caso concreto, assim realizando o ideal de *justiça*. [grifo do autor]

Ávila[5] descreve em seu trabalho que as noções de princípio e de regra, apenas *prima facie*[6], devem se pautar nos textos jurídicos, cabendo ao seu intérprete atribuir-lhe o

---

[3] CARVALHO FILHO, José dos S. Manual de Direito Administrativo. 28. ed. São Paulo: Atlas, 2015, p. 19.
[4] Op. cit., p. 232.
[5] ÁVILA, Humberto B. Teoria dos princípios. 4. ed. São Paulo: Malheiros Editores, 2005, p. 22-23.
[6] Expressão latina que significa "à primeira vista".

significado que, no caso concreto, possa diferenciar uma norma jurídica da outra, não engessando o ordenamento com distinções que não possuem um fim em si mesmo, mas requerem um intérprete que a analise de forma macro textual.

Ávila[7] menciona que Dworkin foi responsável, na tradição anglo-saxônica, pelo estudo que foi primordial para a contribuição da definição de princípios. Para esse filósofo norte-americano, as regras são aplicadas no modo "tudo ou nada": a regra é válida ou não e, em caso de colisão, apenas uma deve prevalecer, enquanto os princípios contêm fundamentos que devem se ligar a outros fundamentos principiológicos; em caso de colisão, deve-se observar qual princípio tem peso relativamente maior, podendo conviver com o princípio de relevância menor, sem exclusão.

Quanto à colisão, cita Ávila[8] que para Alexy, os princípios colidentes são limitados reciprocamente; contrariamente, a regra colidente é declarada inválida ou aplica-se à exceção para que ela possa ser aplicada. Quanto à obrigação que instituem, os princípios têm "obrigações *prima facie*, podem ser superadas ou derrogadas em função dos outros

---
7 Ibid., p. 28.
8 Ibid., p. 28.

princípios colidentes",[9] enquanto as regras têm obrigações absolutas, que não podem ser afastadas pelas normas conflitantes.

Ávila[10] afirma que há ainda outro critério em que se pauta a distinção entre princípio e regra: "(...) há o critério do *fundamento axiológico*, que considera os princípios, ao contrário das regras, como fundamentos axiológicos para a decisão a ser tomada". Assim, os princípios são fundamentos valorativos que irão pautar a escolha do intérprete, o que não pode acontecer na aplicação de uma regra. Entretanto, não significa afirmar que não haja consequências normativas na aplicação de um princípio, embora não descreva comportamentos ou consequências, assim como ocorrem nas regras.

Ante o exposto, passar-se-á à análise de como os princípios e as regras, com suas características peculiares, comportam-se na temática dos títulos de crédito. Serão estudados, nesse trabalho, os princípios, as regras e os institutos dos títulos de crédito, à medida que guardem relação com o tema dos títulos eletrônicos e com o regramento do

---
9 Ibid., p. 30.
10 Ibid., p. 31.

Direito Cambiário, a fim de que se possibilite a análise dos pontos de divergência e de convergência do tema explorado.

A disciplina do direito cambial surgiu da necessidade de se regulamentar o crédito negocial. Etimologicamente do latim, a palavra crédito – *creditum, credere* - significa, segundo Requião[11], "um ato de fé, de confiança, do credor." Daí resulta a criação dos títulos de crédito, que transferem para o papel o crédito confiável, que pode ser negociado pelo seu credor, promovendo-se a circulação do capital.

Requião[12] traz a célebre definição de Vivante: "Título de crédito é um documento necessário para o exercício do direito literal e autônomo nele mencionado"; definição contemplada no art. 887 do Código Civil de 2002.

Os títulos de créditos são abarcados pelo sub-ramo do Direito Comercial, denominado Direito Cambial, que trata justamente das questões desses documentos utilizados nos negócios comerciais. São documentos particulares produzidos na presença dos interessados que irão preencher a cártula;

---

11 REQUIÃO, Rubens. Curso de Direito Comercial. 29. ed., v. 2. São Paulo: Saraiva, 2012, p. 376.
12 Ibid., p. 376.

presumindo-se, portanto, verdadeiras as declarações de quem os assinou.

É imperioso que se analise como o avanço na forma de emissão dos títulos, ocasionando sua desmaterialização progressiva, pode manter as relações comerciais seguras; o que, muitas vezes, parece afastar-se dos requisitos necessários dispostos nas normas jurídicas que permeiam o direito cambial brasileiro.

O Código Civil de 2002 regula em seu artigo 887:

> O título de crédito, documento necessário ao exercício do direito literal e autônomo nele contido, somente produz efeito quando preencha os requisitos da lei.

Cada título de crédito possui requisitos de emissão específicos, como a Letra de Câmbio e a Nota Promissória nos Decretos 2.044 de 1908 e 57.663 de 1966; a Duplicata na Lei 5.474 de 1968; e o Cheque na Lei 7.357 de 1985. O Código Civil de 2002 será aplicado aos títulos de créditos, caso não haja disposição diversa na legislação especial, por conta do princípio da especialidade, como disposto no art. 903 do Código Civil.

O Direito Cambial possui como princípios: a cartularidade, a literalidade e a autonomia das obrigações cambiais, de acordo com Coelho[13].

O princípio da cartularidade importa que o possuidor do título de crédito é o titular do direito estampado na cártula; com isso, pelo princípio da literalidade, os atos a serem exigidos são os que constam exatamente como escritos no título de crédito. Para facilitar a circulação dos títulos de créditos nas operações cambiais, gozam esses documentos de autonomia dos negócios jurídicos originários, conforme afirma esse doutrinador[14].

> Também facilita a circulação, porque os potenciais interessados em adquirir o crédito não precisam investigar se todas as relações obrigacionais documentadas no título são válidas e eficazes; mesmo que alguma delas não seja, isto nunca prejudicará o direito de cobrar o título.

Para esse autor, do princípio da autonomia derivam dois subprincípios que regem os títulos de crédito: o da abstração e o da inoponibilidade das exceções pessoais em relação a terceiros de boa-fé.

---

13 COELHO, Fábio U. Curso de Direito Comercial. 18. ed., v. 1. São Paulo: Saraiva, 2014, p. 38.
14 Ibid., p. 38.

A abstração, como um desdobramento da autonomia, reforça o desligamento do título da relação obrigacional originária, bem como dos vícios que poderiam macular a sua cobrança.

Já a inoponibilidade das exceções pessoais, derivando também do princípio da autonomia, garante que o credor de um título adquirido de boa-fé, não pode ser impedido de prosseguir na sua cobrança, em virtude do surgimento de defesas pessoais, que poderiam ser opostas ao credor originário daquela relação de direito cambial[15].

Fran Martins[16] argumenta que os princípios que regem os títulos de crédito são: literalidade, autonomia e abstração, além do rigor do formalismo documental.

Para que haja a configuração de um título de crédito, é preciso que haja um documento, algo palpável, corpóreo[17]; não podendo o título de crédito ser oral.

> Para ser título de crédito é necessário que a declaração conste de um documento *escrito*: poderá esse documento ser um

---
15 Art. 916, da Lei 10.406/02.
16 MARTINS, Fran. Títulos de Crédito. 14. ed. Rio de Janeiro: Forense, 2008, p. 07.
17 Ibid., p. 09.

papel, um pergaminho, um tecido, mas de qualquer modo deve ser uma coisa corpórea, material, em que se possa *ver* (e não apenas *ouvir*, como no caso do disco) inscrita a manifestação da vontade do declarante. [grifos do autor]

A literalidade pauta-se no que está escrito no título: valor, assinaturas, o que garante limitação aos direitos nele incorporados, chamado por Martins de "direito cartular" [18], para significar a natureza desse direito estampado no documento.

Com relação à autonomia, esse autor afirma que esse princípio refere-se a um ato unilateral de vontade de assumir uma obrigação imposta no título, não se subordinando a nenhuma outra que venha a ser assumida antes ou depois daquela – o credor pode exigir de qualquer codevedor, conforme as imposições legais, a obrigação assumida de forma independente das demais, caso haja.

O princípio da abstração relaciona-se com a independência que o título adquire do negócio que lhe deu causa, podendo circular livremente da causa que o originou.

---

18 Ibid., p. 09.

De acordo com Martins[19], os princípios da autonomia e da abstração dos títulos de crédito importam em valores normativos díspares e que não devem ser confundidos.

> A *abstração* às vezes tem sido confundida com a *autonomia*, mas, na realidade, são coisas diferentes. (...)
> A abstração não caracteriza todos os títulos de crédito, mas apenas alguns deles e difere, como se viu, da *autonomia*, que é o princípio que faz com que as obrigações assumidas sejam *independentes* umas das outras, e da *literalidade*, que significa que no título vale apenas o que nele está escrito. A abstração relaciona-se principalmente com o negócio original, básico, subjacente dele se desvinculando o título no momento em que é posto em circulação. [grifos do autor]

Importa ressaltar que, para o exercício dos princípios elencados acima, Martins[20] aponta que há, ainda, um requisito indispensável para a existência dos títulos de crédito: o formalismo. O autor afirma que os títulos de crédito devem se revestir de certo formalismo: "fator preponderante para a

---
19 Ibid., p. 11.
20 Ibid., p. 12.

existência do título e sem ele não terão eficácia os demais princípios próprios dos títulos de crédito".

Significa dizer que cada título tem uma forma própria de apresentação, e que deve seguir os requisitos impostos pela lei[21].

> O formalismo dá a natureza do título, transformando o escrito de um simples documento de crédito em um título que se abstrai de sua causa, que vale por si mesmo, é *per se stante*.[22] E isso traz segurança para todos quantos se utilizam desse importante instrumento de mobilização do crédito. [grifo do autor]

Só serão considerados títulos de crédito os documentos que revestirem a forma prevista em lei. Caso falte algum requisito essencial na emissão do título de crédito, não se poderá valer do regime cambiário próprio desses títulos[23].

> Cada espécie de título possui, assim, uma forma própria. Isso se obtém através do cumprimento de *requisitos*, expressamente enumerados na lei. (...) Os requisitos que devem figurar nos títulos são enumerados de acordo com as espécies dos mesmos; em

---
21 Ibid., p. 13.
22 Expressão latina que significa "por si próprio".
23 Ibid., p. 14.

> regra, se faltar no documento ao menos um daqueles requisitos considerados *essenciais*, o escrito não terá o valor de título de crédito, não se beneficiando, assim, do direito especial que ampara esses títulos. [grifos do autor]

Contudo esse aspecto formal, principalmente, com relação ao princípio da cartularidade, que exige que o título de crédito seja representado por um documento físico, vem perdendo essencialidade nos dias atuais em virtude do avanço tecnológico. Esse fenômeno ocasiona o que se chama de desmaterialização dos títulos de créditos, com consequências jurídicas quanto à executividade desses títulos; o que será trabalhado adiante.

O Código Civil prevê no seu artigo 889, §3º, a possibilidade de emissão ou geração por meios virtuais dos títulos de crédito:

> O título poderá ser emitido a partir dos caracteres criados em computador ou meio técnico equivalente e que constem da escrituração do emitente, observados os requisitos mínimos previstos neste artigo.

A norma, em questão, apenas permitiria a criação do título de crédito em suporte eletrônico, não autorizando esse dispositivo a circulação ou a cobrança do título criado exclusivamente em meio virtual, o que não é discussão pacífica sobre o tema, conforme afirma o professor Campinho[24]:

> Não nos influencia, outrossim, a disposição do §3º, do artigo 889 do Código Civil de 2002 (...). **Sem entrar no mérito de estar ou não instituído pela norma o título virtual, eis que alguns apenas veem no dispositivo um meio de sua criação em caracteres para documentação posterior, o certo é que não se aplica à duplicata, nem a qualquer outro título disciplinado em lei especial, por força do que estabelece o artigo 903 do mesmo *codex*.** Ademais, o fato de se admitir um título virtual, de forma genérica como se pode enxergar no indigitado artigo, **não quer dizer que ele terá força executiva, a qual advém de regra específica, o que não seria o caso, como se viu, da decantada duplicata virtual.** [grifos nossos]

---

24 CAMPINHO, Sérgio. Falência e Recuperação de Empresa: O Novo Regime da Insolvência Empresarial. 2. ed. São Paulo: Renovar, 2006, p. 232-233.

Percebe-se que os títulos de crédito são criados com base no suporte cartular, em meio físico. Fernandes e Toledo[25] apontam que, em virtude do avanço tecnológico, podem ser percebidos dois fenômenos: a desmaterialização e a imaterialização dos títulos de crédito.

> Somente pode ser desmaterializado o que é dotado de matéria.
>
> Assim, nas hipóteses em que o título de crédito é corpóreo e foi transmutado o seu suporte para eletrônico, se diz desmaterialização, mas, quando o título foi criado eletronicamente, como é o caso da letra financeira, entre outros, estamos diante de um documento imaterializado. Diz-se, portanto, imaterialização ou desmaterialização total.

O direito estampado no documento poderia transferir-se da cártula para o meio eletrônico, ou já ser criado nesse meio, na forma escritural. Essa nova forma de circulação de crédito poderia ter como possíveis razões: o alto custo da sua emissão

---

[25] FERNANDES, Jean C. & TOLEDO, Alejandro M. Desmaterialização e imaterialização dos títulos de crédito do agronegócio e a sua executividade. Revista da Associação dos Juízes do Rio Grande do Sul -AJURIS, v. 41, n. 135, p. 115-135, 2014. Disponível em: <http://www.ajuris.org.br/OJS2/index.php/REVAJURIS/article/view/331>. Acesso em 02 de agosto de 2017, p. 121.

em papel e a rapidez para a circulação de riquezas no mundo dos negócios.

Borba[26] afirma que a doutrina dos títulos de créditos deve sofrer ajustes para se adequar a realidade econômica atual, que pauta seu negócio de forma virtual. Colaboraria para a modificação da rigidez do princípio da cartularidade, o que chama de títulos escriturais.

> Os títulos escriturais são uma espécie de título nominativo. Ambos são títulos cuja circulação se faz mediante um termo de cessão ou de transferência. As transferências do título escritural são anotadas em certos sistemas de registro, que são essenciais à própria transferência; esta independe, portanto, da existência de cártula, pois é considerado titular quem possui seu nome no livro ou sistema competente.

Avançam, no panorama negocial contemporâneo, os títulos de crédito a uma crescente desmaterialização parcial ou total, já que a cártula atravancaria a dinâmica das transações comerciais; a circulação do crédito seria perfectibilizada com

---

26 BORBA, Gustavo T. A Desmaterialização dos Títulos de Crédito, 2011. Disponível em: <http://www.tavaresborba.com.br/wp-content/uploads/2011/11/artigo05.pdf >. Acesso em: 02 de agosto de 2017.

os títulos escriturais, cujos registros ficam em um sistema eletrônico.

Surgem, então, para esse autor, os seguintes questionamentos: "(...) os títulos escriturais seriam ou não uma espécie autônoma de título de crédito, e se necessitariam ou não de uma legislação específica?" [27] Embora não haja uma legislação específica, os títulos escriturais se valem para sua efetividade de construções doutrinárias, com base na Lei Uniforme de Genebra e nas legislações específicas dos títulos de crédito.

> Chegou-se a um ponto em que a prática e as necessidades dos títulos escriturais se distanciaram de tal forma da legislação, hoje em voga, que se torna imprescindível uma reformulação doutrinária e legal, para regular os títulos escriturais, com todas as suas peculiaridades.
>
> Mas, enquanto isto não ocorre, torna-se necessário amoldar a doutrina e as leis atuais às necessidades da economia, buscando-se um ponto de convergência, de modo a preservar a doutrina sem prejudicar as relações comerciais.

---

27 Ibid., p. 04.

Ora, fica claro que os títulos de crédito são regidos por normas que os diferenciam dos demais títulos, como ao portador, nominativo, pois possuem um regime cambiário que os regulamenta. Não é conveniente que se flexibilize a tal ponto os princípios do direito cambial, como a cartularidade para tentar igualar os títulos escriturais aos títulos de crédito, afirmando-se que aqueles são estes desmaterializados.

Já o princípio da literalidade no direito cambial sofre influência quanto à validade ou não dos atos registrados no meio virtual, a fim de que o expresso no título possa ser cobrado. Como pode ser facilmente modificado, o título gerado eletronicamente poderia trazer dúvidas quanto ao que de fato é verdadeiro, com relação à manifestação de vontade do devedor, sua assinatura, e valor devido.

Tentando acompanhar essa tendência de descartularização dos documentos, o Código de Processo Civil[28] (CPC) traz no artigo 411, II, a presunção de autenticidade do documento gerado eletronicamente, desde que sua autoria esteja identificada nos termos da lei.

---

28 Lei 13.105, de 16 de março de 2015.

Sendo assim, o devedor de um documento particular eletrônico, através de procedimentos como a criptografia[29], o certificado de autenticação[30] e a assinatura digital[31], declararia, de forma expressa, sua concordância com esse documento eletrônico por meio desses mecanismos de segurança, com a mesma validade e autenticidade de um documento particular produzido fisicamente; o que reforçaria, ainda mais, uma tendência progressiva a não cartularidade dos títulos de crédito.

Assim, como os princípios geram segurança jurídica, determinados institutos são criados para garantir ou aumentar a

---

29 MICROSOFT. "Criptografia é um meio de aprimorar a segurança de uma mensagem ou arquivo embaralhando o conteúdo de modo que ele só possa ser lido por quem tenha a chave de criptografia correta para desembaralhá-lo." Disponível em:< http://windows.microsoft.com/pt-br/windows/what-is-encryption#1TC=windows-7>. Acesso em: 21 de janeiro de 2016.
30 MICROSOFT. "Para criar uma assinatura digital, é necessário um certificado de autenticação, que prova sua identidade." Disponível em:< http://windows.microsoft.com/pt-br/windows/what-is-encryption#1TC=windows-7>. Acesso em: 21 de janeiro de 2016.
31 MICROSOFT. "A assinatura digital é uma marca de autenticação eletrônica e criptografada sobre informações digitais, como uma mensagem de email, uma macro ou um documento eletrônico. A assinatura confirma que as informações são originárias do signatário e não foram alteradas." Disponível em: <https://support.office.com/pt-br/article/Adicionar-ou-remover-uma-assinatura-digital-em-arquivos-do-Office-70d26dc9-be10-46f1-8efa-719c8b3f1a2d#__toc311526850>. Acesso em: 21 de janeiro de 2016.

segurança do título de crédito, a fim de que possam circular autônoma e abstratamente do negócio jurídico que o originou.

Percebe-se, diante disso, que os títulos circulatórios são documentos escritos autônomos nos quais se consolidam as obrigações. Constituem gênero dos quais os títulos de créditos são espécies, ao lado dos títulos representativos, títulos ao portador, entre outros. Assim, podem ser transmitidos a outrem, porque gozam do atributo da circulabilidade, característica que não é exclusiva dos títulos de crédito.

Frontini[32] explica que a circulabilidade dos títulos possibilita a circulação não do crédito, mas sim do direito materializado no título; o que não se restringe aos títulos de crédito.

> Estas observações prévias nos levam à asserção de que, além dos títulos de crédito, há outros títulos legalmente aptos a circularem autonomamente. Circulação autônoma é justamente a que opera toda transmissão dos direitos incorporados ao título, sem se subordinar a qualquer ato, ressalva externa, formalidade ou

---

32 FRONTINI, Paulo S. Títulos de Crédito e Títulos Circulatórios: que futuro a informática lhes reserva? Rol e funções à vista de sua crescente desmaterialização. Revista dos Tribunais, v. 730, p. 50-64, 1996.

documento complementar, estranho ao título.

Conforme esse autor, os títulos circulatórios em geral são coisas móveis passíveis de circulação pelo direito cambial, como os títulos de créditos; ou pela cessão civil de crédito, como nos títulos representativos, em que o título representa a mercadoria nos contratos de depósito, de transporte.

Coelho[33] expõe que existem três aspectos capazes de diferenciar os títulos de crédito dos outros títulos que representam direitos e obrigações: referenciam-se apenas a relações creditícias, não são instrumentos aptos a documentar obrigações de fazer, dar, ou não fazer; configuram-se como títulos executivos extrajudiciais, o que facilita a cobrança do crédito em juízo; e circulam facilmente os direitos do título, permitindo sua maior negociabilidade em troca de capital.

Essa diferenciação é importante, pois determinados aspectos dos títulos de crédito são garantidos pelo regime jurídico cambial, que possui normas próprias, e não podem ser extensíveis ao regime jurídico civil de crédito, que está sob a égide do Código Civil.

---
33 Op. Cit., p. 138.

Configura-se, também, de forma relevante, como um ato típico da circulação cambiária, o instituto do endosso, próprio dos títulos à ordem, regulados em leis específicas; relaciona-se ao princípio da autonomia dos títulos de crédito e têm consequências jurídicas diversas da cessão civil, que encontra previsão no Título II (arts. 286 a 303) do Código Civil de 2002.

Através do endosso lançado no verso ou anverso do título[34], transfere o endossante o seu crédito ao endossatário; nessa transação, o credor transfere seu crédito aposto no título a terceira pessoa, que exercerá o papel de novo credor.

Um questionamento que surge é quanto à circulação cambiária, por via do endosso, dos títulos eletrônicos; já que o endosso, como descrito, deve ser aposto no verso ou anverso do título pelo endossante na cártula, para que se permita a sua sujeição ao direito cambial.

---

[34] Art. 910, da Lei 10.406/2002.

Alves e Faria[35] apontam que não haverá qualquer alteração nas consequências jurídicas na adoção desse ato, que é o endosso nos títulos. Alterar-se-á a forma cartular pela forma escritural, própria das movimentações financeiras, decorrente do uso de meios eletrônicos para as transações comerciais:

> Autonomia, literalidade, incorporação e cartularidade continuam sendo requisitos fundamentais para a caracterização do título de crédito e, deste modo, não há que se falar em qualquer alteração quanto às consequências jurídicas advindas da emissão eletrônica. Logicamente, o que passa a ser modificado é o meio da emissão, que utiliza o meio magnético e não a cártula.

De acordo com esses autores, as novas formas de emissão dos títulos de crédito não impossibilitariam a circulação própria do direito cambial, cabendo às instituições de custódia e liquidação financeira controlarem a sua negociação.

---

[35] ALVES, Alexandre F. de A. & FARIA, Livia S. Desmaterialização de Documentos e Títulos de Crédito: razões, consequências e desafios, 2009. Disponível em: <http://www.academia.edu/15745407/Alexandre_Assumpção_Desmateriali zação_de_documentos_e_títulos_de_crédito>. Acesso em: 18 de janeiro de 2016.

Ligado também ao princípio da autonomia encontra-se o instituto do aval[36], que se apresenta como um ato cambiário por meio do qual o avalista assume as mesmas obrigações do avalizado; implica em uma garantia pessoal que se dá para qualquer obrigado ou coobrigado em título cambial. Trata-se de uma garantia suplementar aposta no título pelo avalista ou por seu mandatário especial, até mesmo antes do avalizado[37], de que pagará a dívida em favor do devedor.

Coelho[38] ressalta duas características principais do aval: autonomia e equivalência.

> O avalista assume, perante o credor do título, uma obrigação autônoma, mas equivalente à do avalizado. Ou, para dizer o mesmo, por termos diversos, o aval é dotado de autonomia substancial e acessoriedade formal.

A autonomia do aval importa na assunção da obrigação, independentemente dos requisitos de existência, validade e eficácia do título avalizado. Isso significa que a obrigação do avalista subsiste ainda que algumas situações que apenas

---

36 FERREIRA, Aurélio B. de H. Dicionário da Língua Portuguesa. Rio de Janeiro: Editora Nova Fronteira, 2001, p. 77.
37 Art. 14, Decreto 2.044/1908.
38 Op. Cit., p. 150.

aproveitam ao avalizado sejam invocadas: assinatura falsa, devedor incapaz, recuperação judicial. Assim, as exceções pessoais arguidas pelo devedor não aproveitam ao avalista.

> AGRAVO REGIMENTAL NO RECURSO ESPECIAL. 1. RECUPERAÇÃO JUDICIAL. DEFERIMENTO. AVAL. OBRIGAÇÃO AUTÔNOMA. PROSSEGUIMENTO DA EXECUÇÃO. POSSIBILIDADE. 2. AGRAVO IMPROVIDO. 1. De acordo com a jurisprudência do Superior Tribunal de Justiça, **o aval é dotado de autonomia substancial, de sorte que a sua existência, validade e eficácia não estão ligadas à obrigação avalizada.** Precedentes. 2. Agravo regimental a que se nega provimento. (STJ - AgRg no RECURSO ESPECIAL Nº 1.459.589 - MG (2014/0141067-6). Terceira Turma. Ministro Marco Aurélio Bellizze. Publicação: DJe 04/12/2014.) [grifos nossos]

Quanto à equivalência, trata-se de uma característica do aval, na qual o avalista assume a obrigação da mesma forma que a pessoa devedora do título avalizado. Equivalência não significa absoluta igualdade de condições com o avalizado; o que prejudicaria a autonomia das obrigações. Significa uma ordem na cadeia de regresso: se o devedor for acionado por algum credor, poderá fazê-lo da mesma forma e na mesma ordem com o avalista, por este assumir obrigação equivalente ao avalizado na ordem sucessiva de cobrança do crédito, dependendo da posição de anterioridade ou posterioridade que assuma o devedor, assim se responsabilizará o avalista.

Assim, esse ato cambiário serve para conferir maior segurança de que o valor constante no título será honrado, pois à garantia de pagamento do devedor somar-se-á a garantia do avalista; terá, nesse caso, o credor possibilidade de cobrar de um ou de ambos os nomes constantes no título: devedor e/ou avalista.

Nos títulos eletrônicos, há certa dificuldade na aposição do aval em favor do devedor principal e/ou endossante do título, pois não dispõe o avalista de forma compatível, prevista no Direito Cambial, de apor sua concordância em avalizar um título, já que precisa assinar, assim como o faria no título cartular.

Ainda não há uma forma válida atual disponível, que assegure de forma plena esse instituto nos títulos eletrônicos, não podendo, portanto, por conta da impraticabilidade da assinatura digital na transação comercial realizada, vincular terceiros à obrigação cambial na condição de avalista.

Após a exposição da normatização envolvendo os títulos de crédito e de como essa se comportaria nos títulos eletrônicos de uma forma geral, decorre analisar o objeto principal desse estudo: a chamada duplicata virtual e suas consequências no ordenamento jurídico brasileiro, principalmente no que tange à exequibilidade desse instituto jurídico.

2. Duplicata virtual

O título eletrônico, a ser apresentado neste trabalho, é a chamada duplicata virtual, de validade questionável, já que o que existe no direito brasileiro e é regulado por lei é a duplicata física ou cartular, que segue as normas do direito cambiário. A duplicata física ou cartular é emitida em apenas algumas hipóteses restritivas legais: a compra e venda mercantil e a prestação de serviços.

Na compra e venda mercantil e na prestação de serviços, o vendedor/prestador de serviço pode emitir uma fatura ou nota-fiscal fatura que contenha a relação das mercadorias vendidas com quantidade e valor ou com a discriminação dos serviços prestados[39]. Trata-se de um documento que relaciona a transação comercial ou os serviços prestados, como forma de embasar a criação da duplicata. Assim, para qualquer outro tipo de operação, no mundo dos negócios, que não se enquadre nessas duas hipóteses, não incidem as regras dispostas taxativamente na Lei 5.474/68.

Há quem entenda que a duplicata não é título cambiário por excelência, como o são a letra de câmbio e a nota

---

39 Art. 1º, §1º, e art. 20, §1º, da Lei 5.474/68.

promissória, mas sim título cambiariforme por conta da incidência dos princípios do direito cambiário nesse título de crédito. Esse é o entendimento de Pontes de Miranda citado por Tomazete[40]:

> Pontes de Miranda destaca a natureza cambiariforme do título pela ausência de abstração na criação do mesmo, isto é, a duplicata não é propriamente um título cambiário em sua essência, mas assume forma de tais títulos sofrendo a incidência dos princípios do direito cambiário.

Entretanto, Tomazete[41] afirma que, embora correto o entendimento de Pontes de Miranda, esse não seria o mais adequado, e cita o do professor Rosa Junior[42]:

> A duplicata é um título de crédito formal, impróprio, causal, à ordem, extraído pelo vendedor, ou prestador de serviços, que visa a documentar o saque fundado sobre o crédito decorrente de compra e venda mercantil ou prestação de serviços, assimilada aos títulos cambiários por lei, e que tem como pressuposto a extração da fatura.

---

40 TOMAZETTE, Marlon. A Duplicata Virtual. Revista dos Tribunais, v. 807, p. 725-739, 2003.

41 Ibid., p. 729.
42 Ibid. p. 729.

Esse entendimento é corroborado pela própria Lei 5.474/68: "Art. 25 Aplicam-se à duplicata e à triplicata, no que couber, os dispositivos da legislação sobre emissão, circulação e pagamento das Letras de Câmbio."

À vista disso, a duplicata é um título de crédito, embora não tenha a forma pura de um título cambial, como dispõem alguns doutrinadores, mas nela incidem os princípios e os institutos jurídicos próprios do direito cambial: cartularidade, literalidade, autonomia, abstração, aceite, endosso, entre outros.

Em consulta ao "Justiça em Números" [43] do CNJ, percebe-se que, no ano de 2016, houve um total de 66.317 novos casos com o Assunto "Duplicata" no Poder Judiciário nacional, sendo desse total 32.153 apenas no 1º grau de jurisdição, daí a importância e relevância desse estudo.

A duplicata é um título de crédito bastante emitido para circulação de riquezas, originária no direito brasileiro,

---

43 CONSELHO NACIONAL DE JUSTIÇA. Justiça em Números, 2017. Disponível em: <Nhttp://paineis.cnj.jus.br/QvAJAXZfc/opendoc.htm?document=qvw_l%2FPainelCNJ.qvw&host=QVS%40neodimio03&anonymous=true&sheet=shResumoDespFT>. Acesso em: 02 de novembro de 2017.

remontando ao Código Comercial de 1850, que impunha aos comerciantes à época a emissão de fatura ou conta em duas vias que continha a relação das mercadorias entregues ao comprador, cada qual ficava com uma via do instrumento, por isso a razão de ser do seu nome.

Afirma Parentoni[44] que a emissão de duas vias da fatura, com a assinatura do devedor em uma delas, tornava o comércio mercantil célere e possibilitou o surgimento da duplicata.

> Em suma, a duplicata, um dos títulos circulatórios de maior aplicação prática no Brasil, título de crédito de origem tipicamente nacional (ainda que existam figuras semelhantes em outros países), surgiu justamente do desuso daquele que é tido na doutrina como a principal espécie de título de crédito: as letras de câmbio. Sua consagração legislativa ocorreu na década de 20 do século passado, quando se tornou obrigatória a emissão da duplicata, em substituição à fatura, tanto para viabilizar a cobrança de imposto sobre as vendas ("imposto do selo") quanto para resguardar os próprios comerciantes, fornecendo-lhes meio oficial de

---

[44] PARENTONI, Leonardo N. A Duplicata Virtual e os Títulos de Crédito Eletrônicos. Revista da Faculdade de Direito da UFMG, n. 65, p. 409-465, 2014.

documentar as operações creditícias. Na sequência, sobreveio a Lei nº 187/1936, confirmando esta obrigatoriedade. A Lei nº 187/1936 foi, por fim, substituída pela Lei nº 5.474/1968, que ainda hoje regula as duplicatas.

Como atualmente a duplicata vem sendo emitida, frequentemente, no meio eletrônico, deduz-se que a grande maioria das duplicatas em circulação ou que dão origem às demandas ajuizadas para sua cobrança, são as chamadas duplicatas virtuais ou escriturais.

Fran Martins[45] traz a definição do que considera como duplicata virtual:

> O título escritural é aquele que não tem cártula; nasce e atua por via de computador, por e-mail, por internet, não possui assinatura usual. (...)
>
> Entre os títulos escriturais encontra-se a duplicata virtual, na qual o vendedor saca a duplicata e a envia ao Banco por meio magnético, realizando a operação de desconto, ao creditar o valor correspondente ao sacado, expedindo-se a guia de compensação bancária, que pelo

---

45 MARTINS, Fran. Títulos de Crédito. 16. ed. Atualização Joaquim Penalva Santos e Paulo Penalva Santos. Rio de Janeiro: Forense, 2013, p. 442.

correio é enviada ao devedor da duplicata virtual, para que o sacado, de posse do boleto, proceda ao pagamento em qualquer agência bancária.

Diversas instituições financeiras[46] oferecem como linha de crédito o contrato de desconto bancário, disponibilizando empréstimos por meio do desconto da duplicata virtual como forma de antecipação de recebíveis. O cliente da instituição financeira e, detentor da duplicata virtual, transmite eletronicamente os dados de suas duplicatas para antecipar seus recursos, realizando toda a transação de forma eletrônica.

É possível que haja, além do empréstimo de desconto bancário, a contratação do serviço de cobrança da duplicata virtual, figurando, nesse caso, a instituição financeira como mandatária do seu cliente.

Surge, nessa seara, um novo sujeito nas relações de cobrança da duplicata virtual ou escritural, que são as

---

46 BANCO ITAÚ. Desconto de Duplicatas. Disponível em: <https://ww2.itau.com.br/upj/fin_desc_dupl_ch_descdup.htm>. Acesso em: 02 de novembro de 2017.
CAIXA ECONÔMICA FEDERAL. Desconto de Duplicatas. Disponível em: <http://www.caixa.gov.br/empresa/credito-financiamento/antecipacao-de-receitas/desconto-de-duplicatas/Paginas/default.aspx>. Acesso em: 02 de novembro de 2017.

instituições financeiras, podendo haver, inclusive, sua responsabilização de acordo com os poderes conferidos em caso de protesto indevido do título. Nesse sentido, é importante entender a disciplina do protesto e o papel da instituição financeira.

Segundo o art. 1º da Lei 9.492/97: "Protesto é o ato formal e solene pelo qual se prova a inadimplência e o descumprimento de obrigação originada em títulos e outros documentos de dívida." Constitui meio de prova para que possa ser admitida a cobrança judicial da duplicata.

Com relação à duplicata, pode o protesto ser baseado em três modalidades: por falta de aceite, por falta de pagamento e por falta de devolução do título[47]. Fran Martins[48] descreve que a duplicata sem aceite ou sem pagamento ou a triplicata, quando não houver a devolução da duplicata, deve ser apresentada ao Oficial de Protesto para que notifique o sacado a efetuar o pagamento ou a aceitá-la.

A Lei da Duplicata prevê também que, caso o título não seja aceito nem devolvido, o protesto ainda pode ser feito com

---

47 Art. 13, da Lei 5.474/68.
48 Op. Cit., p. 433.

simples indicações do portador[49]. Há ainda a previsão de extração da triplicata, quando houver perda ou extravio da duplicata, que obedecerá aos mesmos requisitos de emissão e terá os mesmos efeitos desta[50].

Importante frisar que o protesto deve ser tirado em trinta dias, contados do vencimento do título, sob pena de não ser possível o exercício do direito de regresso contra os endossantes e seus respectivos avalistas[51].

Reforçando o disposto na lei, afirma Fran Martins[52]:

> Não tendo a duplicata sido devolvida pelo comprador, no prazo especificado pela lei, sem que para essa não devolução haja um motivo justificado (como, por exemplo, a retenção, autorizada pelo vendedor), o portador terá que tirar o protesto mediante simples indicações feitas ao Oficial de Protestos, visto como não dispõe o portador, de título para fazer presente àquele serventuário.

Essas indicações levadas a protesto devem ser baseadas nos dados constantes do Livro de Registro de Duplicatas, que é

---

49 Art. 13, §1º da Lei 5.474/68.
50 Art. 23, da Lei 5.474/68.
51 Art. 13, §4º da Lei 5.474/68.
52 Op. Cit., p. 434.

obrigatório para o emitente do título, e deve ser realizado no lugar do pagamento do título[53]. A partir de então, é gerado um boleto com os dados do devedor, número da fatura, etc., que será enviado a protesto.

Coelho[54] salienta a importância crescente do protesto por indicação em decorrência da desmaterialização dos títulos de crédito.

> **A duplicata, hoje em dia, não é documentada em meio papel. O registro dos elementos que a caracterizam é feito exclusivamente em meio eletrônico e assim são enviados ao banco, para fins de desconto, caução ou cobrança.** O banco, por sua vez, expede um papel, denominado "guia de compensação", que permite ao sacado honrar a obrigação em qualquer agência, de qualquer instituição no país. Se não ocorrer o pagamento, atendendo às instruções do sacador, o próprio banco remete, ainda em meio eletrônico, ao cartório, as indicações para o protesto (nas comarcas mais bem aparelhadas). Com base nessas informações, opera-se a expedição da intimação do devedor. Se não for realizado o pagamento no prazo, emite-se o instrumento de protesto por indicações, em meio papel. **De posse desse documento, e**

---

53 Art. 13, §3º da Lei 5.474/68.
54 Op. Cit., p. 166.

> do comprovante da entrega das mercadorias, o credor poderá executar o devedor. [grifos nossos]

Tornar-se-ia, portanto, a duplicata em papel dispensável, segundo esse autor, haja vista a possibilidade de a documentação, a circulação e a cobrança do crédito, constante do título de crédito, serem realizadas por meio eletrônico; sendo considerado o protesto por indicações, o responsável por essa progressiva desmaterialização da duplicata, que, não sem importância, gera diversas outras consequências.

Quando o credor de um título o leva a protesto indevido, sofre o devedor dano moral, configurando-se o dano moral *in re ipsa*[55], que é presumido pela própria situação de protesto indevido, e independe da demonstração de prejuízo decorrente do ato.

> AGRAVO INTERNO. AGRAVO EM RECURSO ESPECIAL. DUPLICATA. PROTESTO INDEVIDO. FOMENTO MERCANTIL. FATURIZADOR. LEGITIMIDADE. DISPOSITIVOS LEGAIS. VIOLAÇÃO. DEMONSTRAÇÃO. NÃO OCORRÊNCIA. SIMPLES MENÇÃO.

---

55 Expressão latina que significa "da própria coisa".

SÚMULA N. 284/STF. DANO MORAL. INDENIZAÇÃO. VALOR. REEXAME. SÚMULA N. 7/STJ. AGRAVO NÃO PROVIDO.
1. A sociedade de fomento mercantil que leva indevidamente a protesto título recebido no exercício de sua atividade tem legitimidade para responder pelos danos causados.
2. A simples menção a dispositivos legais desacompanhada da demonstração da respectiva violação atrai as disposições do verbete n. 284 da Súmula do Supremo Tribunal Federal.
3. O protesto indevido de título enseja reparação independentemente da prova efetiva do dano.
4. O valor da indenização fixada a título de reparação por dano moral somente é sindicável na estreita via do recurso especial quando irrisório ou exorbitante.
5. Agravo interno a que se nega provimento.
(**STJ** - AgInt no AREsp 265503 / SP AGRAVO INTERNO NO AGRAVO EM RECURSO ESPECIAL 2012/0252864-8. Quarta Turma. Rel. Ministra Maria Isabel Gallotti. **Publicação: DJe 28/11/2016.**) [grifos nossos]

Outra situação que deve ser diferenciada é a responsabilização do endossatário quanto ao endosso mandato e ao endosso translativo. Naquele, não há a transferência de direito do mandante ao mandatário, agindo este em nome daquele, não devendo extrapolar os poderes que lhe foram conferidos; enquanto neste, não só os direitos como a propriedade do título são transferidos ao endossatário, que deve verificar, no caso da duplicata, a causa, o contrato originário de compra e venda ou de prestação de serviços que autoriza a sua emissão.

> COMERCIAL E PROCESSUAL. PROTESTO DE DUPLICATA. ENDOSSO MANDATO. BANCO MANDATÁRIO. PROTESTO POR INDICAÇÃO. **DUPLICATA VIRTUAL SEM ACEITE OU COMPROVANTE DE ENTREGA DAS MERCADORIAS. RESPONSABILIDADE. DANO MORAL. LEGITIMIDADE.**
> 1. Consoante a jurisprudência consolidada do STJ, **no endosso mandato o endossatário responde pelo protesto indevido de título apenas se exorbitou os poderes a ele outorgados ou agiu de modo culposo** (REsp 1063474/RS, Rel. Ministro LUIS FELIPE SALOMÃO, SEGUNDA SEÇÃO, DJe 17/11/2011).
> 2. Hipótese em que as instâncias de origem concluíram, após a análise da prova, que **o protesto foi indevido sobretudo porque não havia título de crédito formalmente constituído, já que o protesto da duplicata virtual fora feito por mera**

> **indicação, sem aceite e sem o comprovante de entrega de mercadorias ou prestação de serviços respectivo.** Manifesta, portanto, a negligência da instituição financeira ao apresentar para protesto documento que não se revestia das características formais de título de crédito, devendo ela, portanto, responder em face do autor solidariamente com o mandante.
> 3. Agravo regimental provido. (**STJ - AgRg nos EDcl no Ag n. 659.878/RS**, Quarta Turma. Relatora Ministra Maria Isabel Gallotti. **Publicação: DJe 14/2/2013**) [grifos nossos]

De outro modo, o endosso translativo à instituição financeira gera a responsabilidade solidária desta com o endossante do título, podendo ser ampliado o entendimento acima para a duplicata eletrônica, encontrando-se esse posicionamento no enunciado da Súmula 475 do STJ:

> Responde pelos danos decorrentes de protesto indevido o endossatário que recebe por endosso translativo título de crédito contendo vício formal extrínseco ou intrínseco, ficando ressalvado seu direito de regresso contra os endossantes e avalistas.

Apesar de a duplicata escritural se tratar de um título eletrônico, que não preenche todos os requisitos de uma duplicata física, pode ser protestada, já que é passível de protesto qualquer título ou documento de dívida[56]. Dessa forma, o seu protesto de forma equivocada pode trazer prejuízos ao comprador ou ao tomador de serviços, configurando-se, assim, a hipótese de compensação pelos danos moral e/ou material suportados.

É possível que haja o protesto de uma duplicata gerada de forma eletrônica, mas que sequer foi disponibilizada ao seu devedor, caso ocorra um protesto fora das hipóteses legais previstas, como o protesto por indicação na Lei da Duplicata. A hipótese traz bastante insegurança jurídica, já que há o protesto de um título eletrônico que se assemelha à duplicata física, mas que não preenche todas as especificidades desse título de crédito causal, a fim de que haja o protesto sem apresentação do título de acordo com a previsão legal.

A praticidade da realização de negócios/prestação de serviços por meio da expedição de duplicatas pode levar sujeitos mal intencionados a emitirem, dolosamente, duplicatas

---

[56] Art. 1º, Lei 9.492/97.

que não correspondam às mercadorias vendidas ou aos serviços realizados, com o objetivo de lesar pessoas e/ou instituições bancárias, com a antecipação de recebíveis, com esses "títulos" fraudulentos.

Diante desse contexto fático, previu o legislador o crime de duplicata simulada que está disposto no Decreto-lei nº 2.848 de 1940 (Código Penal) – Capítulo VI - "Do Estelionato e Outras Fraudes" no seu art. 172, tendo sua redação alterada pelo art. 19, da Lei 8.137/90, que trata dos crimes contra a ordem tributária, econômica e contra as relações de consumo, constituindo-se numa forma especial de fraude patrimonial.

> Art. 172 - Emitir fatura, duplicata ou nota de venda que não corresponda à mercadoria vendida, em quantidade ou qualidade, ou ao serviço prestado.
>
> Pena - detenção, de 2 (dois) a 4 (quatro) anos, e multa.
>
> Parágrafo único. Nas mesmas penas incorrerá aquele que falsificar ou adulterar a escrituração do Livro de Registro de Duplicatas.

Em regra, é crime de ação penal pública incondicionada, cujo titular é o Ministério Público (art. 100, caput e §1º, CP c/c art. 24, CPP), ou se procede mediante representação nas hipóteses do art. 182, do Código Penal.

O bem jurídico tutelado nesse crime é o patrimônio do sacado ou do recebedor desse título de crédito fraudulento, como forma de garantir a segurança nas transações comerciais, por se tratar de um título de crédito transmitido por endosso.

O ato comissivo do tipo penal está em emitir fatura, duplicata, ou nota de venda que não corresponda à operação mercantil ou ao serviço prestado, colocando-a em circulação. Para Nucci[57], é indispensável que haja a apresentação da duplicata simulada para formação do conjunto probatório do crime.

> **O crime previsto no art. 172, que cuida da duplicata simulada, é infração que deixa vestígios materiais, motivo pelo qual não prescinde da apresentação do título, que constitui o elemento indispensável para a formação do corpo de delito.** A situação narrada pelo tipo penal espelha uma falta de sintonia entre a venda efetivamente realizada e aquela que se estampa na fatura, duplicata ou nota de venda. [grifos nossos]

---

57 NUCCI, Guilherme de S. Manual de Direito Penal. 10. ed. Rio de Janeiro: Forense, 2014, p. 629.

O art. 172, CP, não tipifica o termo "virtual ou eletrônico", no caso da duplicata emitida de forma totalmente eletrônica, não sendo, portanto, esse termo elemento normativo do tipo. Observa-se que, com a emissão desse título eletrônico, há uma conduta aceita no âmbito das transações comerciais, mas que não pode ser interpretada de forma extensiva para esse tipo penal, a fim de abranger a chamada duplicata virtual.

O parágrafo único do art. 172, CP, inclui, nas mesmas penas do *caput*, quem "falsificar ou adulterar a escrituração do Livro de Registro de Duplicatas". Como pode se vislumbrar algo semelhante para a duplicata eletrônica? Ela seria emitida de forma eletrônica, mas ainda assim deveria ser registrada no livro correspondente às duplicatas cartulares?

Bitencourt[58] explica o motivo da inclusão do Livro de Registro de Duplicatas como elemento normativo do tipo penal.

> No livro de registro de duplicatas o comerciante deve obrigatoriamente escriturar, em ordem cronológica, todas as duplicatas emitidas, com todos os dados

---

58 BITENCOURT, Cezar R. Tratado de Direito Penal. 10. ed., v. 3. São Paulo: Saraiva, 2014, p. 360.

necessários para identificá-las. Por expressa disposição legal, esse livro não pode conter emendas, rasuras, borrões ou entrelinhas (art. 19, §§ 2º e 3º, da Lei n. 5.474/68), exatamente para evitar a fraude. Como, no entanto, pode ser substituído por qualquer sistema mecanizado, acaba facilitando exatamente aquilo que pretendia inviabilizar, qual seja, a banalização da fraude.

É justamente no art. 19, §3º da Lei 5474/68 que reside o ponto nevrálgico do Registro de Duplicatas, que possibilita que o Livro seja substituído por qualquer sistema mecanizado, que, como apontou o referido autor, pode ser uma porta de entrada para a fraude.

O art. 19, §1º, da Lei das Duplicatas prevê que no Livro de Registro das Duplicatas "serão escrituradas, cronologicamente, todas as duplicatas emitidas". Como ficaria esse Livro no caso da chamada duplicata virtual, que sequer é emitida ao sacado ou ao tomador do serviço, enviando-se no seu lugar o boleto bancário?

Não há, nesse caso, qualquer escrituração em livro físico próprio nem em sistema informatizado equivalente, ocasionando insegurança jurídica ao recebedor do título. O considerado "título virtual", em questão, pode ter sido emitido de forma simulada, a fim de lesar quem recebe o título ou à instituição financeira que procede ao adiantamento de valores nele descritos.

Pode-se, então, constatar diante dessa interpretação, que não há previsão legal para se punir quem emite de forma dolosa uma "duplicata virtual simulada", não guardando similitude esse título eletrônico com a duplicata prevista na lei 5.474/68, não podendo ser considerada aquela como título de crédito perfeitamente punível como este.

Igual entendimento deve-se ter com relação à configuração de crime contra a ordem tributária, previsto no art. 1º, III, da Lei 8137/90, pois a nota fiscal, a fatura ou a duplicata podem ter sido emitidas em valor menor para que haja a incidência de menos tributo na operação mercantil ou de serviços.

> Art. 1º Constitui crime contra a ordem tributária suprimir ou reduzir tributo, ou contribuição social e qualquer acessório, mediante as seguintes condutas: (...)
>
> III - falsificar ou alterar nota fiscal, fatura, duplicata, nota de venda, ou qualquer outro

documento relativo à operação tributável; (...)

Pena - reclusão de 2 (dois) a 5 (cinco) anos, e multa.

Trata-se de crime material, pois, além da falsificação ou adulteração na nota fiscal, fatura, duplicata, nota de venda ou outro documento tributável, é necessário que haja a lesão aos cofres públicos pela não arrecadação do tributo, com o emprego de fraude, como prevê o enunciado da Súmula Vinculante 24 do STF:

> Não se tipifica crime material contra a ordem tributária, previsto no art. 1º, incisos I a IV, da Lei 8.137/1990, antes do lançamento definitivo do imposto.

Novamente, não há previsão legal para a criminalização da duplicata virtual, pois não configura elemento normativo do tipo, sendo, portanto, a conduta atípica. Seria essa uma forma de escape "legal" para a prática de crimes, emitindo-se títulos eletrônicos que circulam como títulos de crédito, embora não o sejam, e que não poderão ser punidos?

Assim, aceitar que a chamada duplicata virtual possa circular normalmente sob as regras do direito cambial, quando o que, na verdade, ocorre é o envio do boleto bancário em seu lugar, que não é título de crédito nem pode fazer as suas vezes, é permitir que esse título escritural seja considerado título executivo, com os bônus do regramento do Direito Cambial, entretanto não punível pelas regras do Direito Penal.

A flexibilização demasiada das normas do Direito Cambial, como a cartularidade e a obrigatoriedade do Livro de Registro das Duplicatas em meio físico, pode permitir que sujeitos mal intencionados procedam à prática de crimes.

Por ser um tema com diversas nuances, avançar-se-á para a análise da possível executividade desse título eletrônico tal qual um título de crédito, com suas implicações jurídicas, observando-se sua relação com o disposto no direito processual civil brasileiro.

3. Títulos Eletrônicos

Alves e Faria[59] citam em seu trabalho que, durante a Guerra Fria (décadas de 60 e 70), o governo dos Estados Unidos da América estava preocupado em manter o sigilo das informações militares e criou uma rede, de início, sigilosa para o tráfego de informações que mais tarde passou a se chamar "Internet".

A primeira lei internacional sobre o assunto foi a Lei Modelo da Comissão das Nações Unidas para o Direito Comercial Internacional (UNCITRAL) sobre Comércio Eletrônico[60], que pretendia harmonizar o Direito Comercial Internacional, de forma que o comércio eletrônico tivesse definições e regras definidas para agilizar as atividades comerciais pelos meios virtuais.

O Mercado Comum do Sul (MERCOSUL) também editou duas Resoluções[61] que reconhecem a eficácia jurídica do

---

59 Op. Cit.
60 LAWINTER. Resolução 51/162 da Assembleia Geral de 16 de dezembro de 1996, aprovada pela Organização das Nações Unidas (ONU). Disponível em: <http://www.lawinter.com/1uncitrallawinter.htm>. Acesso em: Acesso em: 18 de janeiro de 2016.
61 Resolução MERCOSUR/GMC EXT./RES. Nº 37/06, 2006. Disponível em: <http://www.sice.oas.org/Trade/MRCSRS/Resolutions/Res3706p.pdf>. Acesso em: 18 de janeiro de 2016.

documento eletrônico e da assinatura eletrônica no âmbito das relações comerciais entre os Estados Partes, a fim de acompanhar a evolução tecnológica da comunicação do comércio internacional, ocasionando, portanto, a desnecessidade cada vez mais crescente do uso das cártulas nesse tipo de transação.

A Resolução MERCOSUR/GMC EXT./RES. N° 37/06 afirma o reconhecimento jurídico desses documentos pertinentes, pois considera:

> (...) que o desenvolvimento das relações sociais e o estreitamento dos laços entre os cidadãos e as administrações dos Estados Partes, e destes entre si, dependem de medidas que garantam a segurança e a confiança nos documentos eletrônicos.

A edição das referidas Resoluções faz-se necessária, porque é preciso estabelecer procedimentos uniformes e transparentes a serem adotados, que confiram validade e reconhecimento mútuo do comércio internacional entre esses Estados Partes. Em 2001, editou-se a Medida Provisória

---

Resolução MERCOSUL/GMC EXT./P. RES. N° 34/06, 2006. http://www.mercosur.int/msweb/portal%20intermediario/Normas/normas_web/Resoluciones/PT/GMC_2006_RES_034_PT_Directrices.pdf>. Acesso em: 18 de janeiro de 2016.

nº 2200-2[62] que instituiu as Chaves Públicas - ICP-Brasil - para a validade e autenticidades das transações eletrônicas, começando a estremecer um dos pilares do direito cambial: a cartularidade.

> Art. 1º Fica instituída a Infraestrutura de Chaves Públicas Brasileira - ICP-Brasil, para garantir a autenticidade, a integridade e a validade jurídica de documentos em forma eletrônica, das aplicações de suporte e das aplicações habilitadas que utilizem certificados digitais, bem como a realização de transações eletrônicas seguras.

O Código Civil de 2002 no seu artigo 889, §3º, contemplou expressamente a possibilidade de emissão de título a partir de meios eletrônicos, corroborando o movimento de crescente desmaterialização dos títulos de crédito.

> O título poderá ser emitido a partir de caracteres criados em computador ou meio técnico equivalente e que constem da escrituração do emitente, observados os requisitos mínimos previstos neste artigo.

---

62 BRASIL. Planalto. "Institui a Infra-Estrutura de Chaves Públicas Brasileira - ICP-Brasil, transforma o Instituto Nacional de Tecnologia da Informação em autarquia, e dá outras providências." Disponível em: <http://www.planalto.gov.br/ccivil_03/mpv/Antigas_2001/2200-2.htm>. Acesso em: 19 de janeiro de 2016.

Com o uso cada vez frequente pela população da Rede Mundial de Computadores, surgiu, em 2006, a Lei 11.419[63], a fim de possibilitar a virtualização dos processos judiciais. O objetivo dessa lei é uma prestação jurisdicional mais célere e com utilização de menos recursos naturais, pois se diminui a utilização do papel em grande escala; o que converge para um meio ambiente mais sustentável e equilibrado, responsabilidade também do Poder Público[64].

A informatização do processo judicial colabora, certamente, com um Poder Judiciário mais organizado àqueles que podem dispor de acesso à Internet. Ademais, faz parte da Meta 10[65] do CNJ "implantar o processo eletrônico em parcela de suas unidades judiciárias".

---

63 Lei 11.419/06: "Dispõe sobre a informatização do processo judicial; altera a Lei nº 5.869, de 11 de janeiro de 1973 – Código de Processo Civil; e dá outras providências." Disponível em: <http://www.planalto.gov.br/ccivil_03/_ato2004-2006/2006/lei/l11419.htm> . Acesso em: 19 de janeiro de 2016.
64 Art. 225 da CF/88: "Todos têm direito ao meio ambiente ecologicamente equilibrado, bem de uso comum do povo e essencial à sadia qualidade de vida, impondo-se ao Poder Público e à coletividade o dever de defendê-lo e preservá-lo para as presentes e futuras gerações."
65 CONSELHO NACIONAL DE JUSTIÇA. Metas de Nivelamento, 2009. Disponível em: < http://www.cnj.jus.br/gestao-e-planejamento/metas/metas-de-exercicios-anteriores/metas-2009>. Acesso em: 19 de janeiro de 2016.

Essa crescente implantação do processo eletrônico nos tribunais de todo o país, como uma meta estabelecida pelo CNJ desde 2009, reforça ainda mais o movimento pela desmaterialização não só dos títulos de crédito, mas também de diversos tipos de documentos que passarão a ser produzidos eletronicamente[66], bem como o registro fonográfico ou audiovisual através de mídia digital das audiências ou da sua realização por videoconferência.

Pode se perceber, portanto, que o avanço informático influencia a forma como o Direito terá de lidar e se adequar ou não a essas novas relações estabelecidas pelos documentos produzidos nesse ambiente informatizado.

3.1. O crédito escritural eletrônico e a duplicata virtual

Com a extração de uma fatura, que é embasada em contrato mercantil ou de prestação de serviço, dá-se origem à duplicata com a extração da cártula, do documento físico.

---

[66] Lei 11.419/2006: "art. 11. Os documentos produzidos eletronicamente e juntados aos processos eletrônicos com garantia da origem e de seu signatário, na forma estabelecida nesta Lei, serão considerados originais para todos os efeitos legais".

Inicialmente, é esse o procedimento originário que vem perdendo espaço para o surgimento da duplicata virtual, que possui trâmite totalmente eletrônico.

Optam os vendedores/prestadores de serviços por não mais emitirem a duplicata física ou cartular, mas por documentarem de forma escritural esse crédito proveniente do contrato originário. Há a interposição, entre credor e devedor de uma duplicata, de uma instituição financeira, que recebendo todos os dados referentes ao contrato e ao devedor, emite um boleto bancário que é enviado ao devedor que deverá efetuar o pagamento do montante aposto nesse documento; com isso, surge a duplicata virtual que vem abrandando os requisitos formais previsto na Lei da Duplicata, como a exibição da cártula, configurando-se o fenômeno da desmaterialização.

Parentoni[67] argumenta que está ocorrendo a migração da emissão da cártula para a escrituração do crédito, semelhante ao que já ocorre nas ações escriturais da Lei das Sociedades Anônimas (Lei 6.474/76).

> Ou seja, circulação escritural é aquela que se processa mediante simples registro em sistema específico, dispensando a

---

67 Op. Cit., p. 419.

> transferência física de qualquer documento. Quem vende uma ação escritural não precisa entregar comprovante de venda ao comprador, bastando registrar essa operação em sistema próprio, administrado pela própria companhia ou por terceiro contratado. Assim, a transferência do direito não se perfaz pela tradição de um título, mas pelo registro em livro ou sistema específico, inclusive eletrônico.

O avanço, que a documentação eletrônica do crédito precisava, ocorreu com a edição da Lei dos Protestos, segundo esse autor[68], que normatizou o protesto por indicação sem a apresentação da cártula.

> Marco de tal mudança foi a Lei de Protestos, que dispôs, de maneira inequívoca, ser admissível também o protesto de títulos de crédito a partir da indicação eletrônica dos dados do título, sem necessidade de apresentação da cártula em papel. Esta previsão legislativa era o estímulo que faltava para que as instituições financeiras substituíssem, de uma vez por todas, a circulação das duplicatas pela cobrança via boleto bancário.

---

68 Op. Cit, p. 423.

Essa transição para a escrituração eletrônica do crédito com a apresentação do boleto bancário para protesto, em detrimento da cártula, que permaneceria virtual, vem ganhando destaque na prática comercial e na jurisprudência do Superior Tribunal de Justiça.

É fato, como aponta esse mesmo autor[69], que não há a circulação da duplicata virtual, mas apenas do crédito escritural de forma eletrônica. Entende-se, assim, que a duplicata escritural faz apenas circular seu crédito, e não todos os direitos constantes, tal qual ocorreria com um título de crédito previsto em lei.

Outro ponto que não fica claro com o avanço da circulação virtual do crédito é como vão ser apostos os institutos cambiais: aceite, aval e endosso; já que não há a circulação eletrônica do título, mas apenas do seu crédito.

Conforme afirma Coelho[70], há também uma profunda mudança nos princípios jurídicos do direito cambial, como na forma de circulação do crédito eletronicamente.

A disseminação do suporte eletrônico para o registro da concessão e circulação

---

69 Op. Cit, p. 428.
70 Op. Cit., p. 38.

> **do crédito tem afetado, evidentemente, os seculares princípios do direito cambiário**. E afeta-os, cada um à sua maneira. Enquanto, se o título de crédito é eletrônico, o princípio da cartularidade deixa de ter qualquer sentido e o da literalidade deve ser ajustado ao novo suporte (de modo a só reconhecer a eficácia dos atos registrados no mesmo ambiente eletrônico do título), continua a vigorar plenamente o da autonomia das obrigações cambiárias, e seus subprincípios da abstração e da inoponibilidade. O objetivo destas regras principiológicas permanece, também, de dar segurança e agilidade à circulação do crédito. [grifos nossos]

Frontini[71] acredita que, diante da nova sistemática de circulação do crédito, os institutos do direito cambial não mais existirão na sua formação clássica.

> (...) declarações cambiais clássicas, como o aceite, o endosso e o aval tendem a perder utilização e importância, face à desmaterialização da cártula. Mas suas funções, de algum modo, serão substituídas ou suprimidas, por instrumentos compatíveis com a moderna informática.

---

71 Op. Cit., p. 12.

Assegura Spinelli[72] que a circulação do crédito de forma eletrônica traz insegurança jurídica, já que se pode reproduzir indistintamente o documento eletrônico, gerando uma instabilidade no mundo dos negócios, não havendo "destruição" do documento original. Haveria, portanto, uma lacuna nesse sentido, de forma a garantir que cada documento transmitido é, de fato, o primeiro, o original, devendo ser garantidos todos os atributos do documento eletrônico aos terceiros de boa-fé.

> **Sempre que se transmite um documento eletrônico, ele é duplicado (logo, o documento eletrônico nunca será único), sendo ingenuidade crer que a transmissão de um documento digital seja equivalente à tradicional transmissão de uma cártula.** Portanto, sendo viável a reprodução do documento, justamente o que ocorre quando ele é endossado a outrem, tem-se que sua matriz é exatamente igual ao documento transmitido; inexiste diferença entre o documento que fica com o endossante e o repassado ao endossatário, salvo a existência de uma assinatura (digital) a mais, referente ao endosso. **Todavia, tal não satisfaz a necessidade de segurança, essencial à disciplina dos títulos de crédito, visto que, à medida que o**

---

[72] Op. Cit., p. 141

> endossante permanece com o documento "original", pode ele também cobrar o débito do(s) devedor(es) cambiário(s). Da mesma forma, o título pode ser endossado a diversas pessoas, sendo que cada uma, nesta última hipótese, receberia o título como se original fosse e com o mesmo endosso (ou seja, com a mesma assinatura digital do endossante), mudando-se somente o destinatário; assim, o mesmo título pode ser transmitido para diversas pessoas – o que é impossível com sua circulação física. [grifos nossos]

Para esse autor[73], haveria a cessão de crédito por meio digital, já que a chamada duplicata virtual ou duplicata escritural não é um título de crédito.

> Primeiramente, cumpre dizer que a duplicata ali nunca foi extraída, nos termos do art. 2º da Lei de Duplicatas. Há nota fiscal-fatura decorrente de uma compra e venda (ou prestação de serviço) e o crédito é transmitido ao banco (verdadeira cessão de crédito) ou este é contratado apenas para prestar o serviço de cobrança – mas de forma alguma houve endosso de duplicata, pois esta não existe; a duplicata nunca foi extraída e muito menos encaminhada ao aceite do sacado (o qual recebeu unicamente um boleto bancário – os quais não são padronizados – e que os bancos

---

73 Op. Cit., p. 141-142.

nem sequer possuem comprovante de entrega), outro pressuposto indispensável, nos termos do art. 6º.

Não se deve confundir, portanto, o "título de crédito eletrônico" com a negociação escritural e eletrônica de créditos prevista na Lei 10.214/01, como afirmam Anjos Júnior e Neves[74]:

> A negociação escritural e eletrônica de créditos é hoje regida pela Lei nº 10.214, de 2001, que compreende as entidades, os sistemas e os procedimentos relacionados com a transferência de fundos e de outros ativos financeiros e, ainda, com o processamento, a compensação e a liquidação de pagamentos em qualquer de suas formas. Ou seja, aquela lei, juntamente com as normas expedidas principalmente pelo Conselho Monetário Nacional, pelo Banco Central e pela Comissão de Valores Mobiliários, constitui arcabouço normativo que regulamenta o depósito da cártula na instituição custodiante, **o registro escritural em sistema de negociação eletrônica de direitos de crédito e em sistema eletrônico de liquidação da operação, quando a prestação for cumprida. Portanto, trata-se de regime jurídico diverso do Direito Cambial, mas que**

---

[74] Op. Cit., p. 146.

com ele convive de forma harmoniosa.
[grifos nossos]

Estariam as instituições financeiras protestando apenas o boleto bancário enviado ao sacado, sem o cumprimento de qualquer outra formalidade, e desvirtuando o protesto por indicação, previsto no art. 13, §1º, da Lei 5.474/68, que ocorre quando não há aceite ou devolução do título. A expedição tardia da duplicata ou a extração da triplicata[75], fora das hipóteses de perda ou extravio da duplicata, também são uma afronta ao preconizado na Lei das Duplicatas.

O argumento de que a duplicata existe em estado potencial no ambiente virtual, podendo ser emitida a qualquer tempo, sendo mera formalidade o suporte cartáceo, não atende ao princípio da segurança jurídica, pois o boleto bancário vem sendo utilizado como verdadeiro "título de crédito" em nome da praticidade das transações eletrônicas, sendo tal prática agasalhada pela doutrina e pela jurisprudência.

Uma prática comercial que confunde circulação de crédito escritural eletrônico com circulação de título de crédito eletrônico, não resguarda a segurança jurídica das transações

---
75 Art. 23, da Lei 5.474/68.

com o documento virtual aos terceiros de boa-fé, haja vista não se saber qual documento é o original e qual pode circular autonomamente. Eleva-se o boleto bancário ao patamar dos títulos de créditos, podendo ser protestado sem qualquer cumprimento da rigidez imposta pelas normas do Direito Cambial.

Diante disso, não se pode aceitar qualquer interpretação do art. 889, §3º do Código Civil, que dispõe que o título de crédito "poderá ser emitido a partir dos caracteres criados em computador ou meio técnico equivalente e que constem da escrituração do emitente, observados os requisitos mínimos previsto neste artigo." Não é suficiente para a criação de um título de crédito virtual que esse apenas seja feito no computador, pois não há correspondência na tecnologia atual de mecanismos que garantam os mesmos princípios e institutos aos tradicionalmente adotados no direito cambial e, além disso, não se aplica o retro mencionado artigo aos títulos de crédito previstos em lei especial, consoante o disposto no art. 903 do Código Civil.

O que há é uma aplicação intencionalmente equivocada de determinados princípios e mandamentos legais, como o protesto por indicação da duplicata, que sequer existe ou foi enviada ao sacado, validando-se, em nome da celeridade das transações comerciais, o protesto do boleto bancário; o que vem sendo aceito de forma corrente no mundo jurídico.

Assim, deverão ser pensadas formas para que as novas práticas comerciais anteriores, muitas vezes, da consolidação normativa, não afetem sobremaneira a teoria jurídica dos títulos de crédito e a organicidade do sistema do Direito Cambial.

3.2. Protesto do boleto bancário

O boleto bancário é um instrumento de pagamento utilizado pelas instituições bancárias, para garantir que o emissor receba o pagamento pelo valor descrito por um produto ou serviço prestado.

Ocorre que muitas empresas conferem aos bancos um endosso mandato, que se configura na transferência de poderes, para que o endossatário banco realize os atos necessários para recebimentos dos valores do título, agindo em nome do endossante, que o transfere apenas os direitos cambiais.

Com conta desse endosso mandato, diversas instituições bancárias protestam esse instrumento com "ares" de título de crédito, sem nenhuma precaução em conferir se realmente a duplicata foi enviada ao comprador ou ao tomador de serviços, com a simples indicação ao portador.

O boleto bancário, sabidamente, não é título de crédito, descrito em leis especiais, tampouco pode ser protestado nesse caso, já que não traduz a origem do descumprimento da obrigação nem constitui documento de dívida[76].

Entende Parentoni[77] que a não extração da duplicata é mera formalidade, já que essa esteve presente em todo o processo mercantil ou de prestação de serviços, dispensando-se, assim, a apresentação da cártula para protesto frente ao boleto bancário não compensado.

> É por essa e outras razões que não se pode concordar com os autores que argumentam ser o protesto da duplicata virtual equivalente ao de um título de crédito inexistente. A cártula não foi de fato extraída, mas está potencialmente presente ao longo de todo o procedimento, e sua não extração decorre da necessidade prática do

---

76 Art. 1º, da Lei 9.492/97.
77 Op. Cit., p. 426.

mercado, de abreviar o procedimento legal de circulação do crédito.

Diferentemente, Fernandes[78] aponta um abuso de direito quanto ao protesto dos boletos bancários, configurando a prática não só ilícitos civis como também penais. Segundo esse autor, percebe-se claramente a responsabilidade solidária na prática de protesto de boleto bancário em caso de duplicata inexiste ou não enviada: do credor, do banco e do tabelião[79], que não tomaram as devidas precauções para se certificarem do preenchimento dos requisitos formais de protesto de título.

Prática rotineira e abusiva é o encaminhamento de boletos aos cartórios extrajudiciais, para que haja o protesto desse aviso de cobrança unilateral, quando, em muitos casos, sequer uma duplicata foi emitida. Por vezes, emitem-se triplicatas para forjar um novo envio em caso de perda ou extravio da duplicata original[80].

As obrigações do banco mandatário[81] implicam na diligência habitual para exercer o mandato dentro dos limites

---
78 FERNANDES, Jean C. O Abuso de Direito no Protesto de Boleto Bancário. Revista de Direito Privado, v. 28, p. 44-51, 2006.
79 Art. 22, da Lei 8.935/94.
80 Art. 23, da Lei 5.474/68.
81 Art. 667, da Lei 10.406/02.

que lhe foram conferidos, arcando com os prejuízos em que outrem incorrer por sua culpa. Os responsáveis solidários devem arcar com os atos ilícitos[82], que cometeram ao particular indicado no boleto, por eventuais danos materiais e/ou morais sofridos.

Fernandes[83] afirma que "a conduta, porém, de confeccionar os boletos não refoge aos delitos de estelionato e de falsidade ideológica". O estelionato, tipificado no art. 171 do Código Penal, traduz-se pela emissão de um boleto bancário em que o devedor é induzido e coagido a pagamento, com ameaças de um protesto, de um instrumento que não configura uma duplicata. Já a falsidade ideológica, normatizada no art. 299 do Código Penal, configura-se pela declaração falsa de que a duplicata foi retirada pelo devedor ou por seu extravio, requerendo-se ao tabelião o protesto por simples indicação constante no boleto bancário, que não é documento capaz de produzir esse efeito.

Contudo, em sentido oposto, com relação à duplicata virtual, o STJ, em julgado recente[84], admite o protesto do

---
82 Arts. 186 e 187, da Lei 10.406/02.
83 Op. Cit., p. 45.
84 REsp 1.024.691 – PR – Informativo 467 de 21 a 25 de março de 2011. Disponível em:

boleto bancário com indicação do portador, quando há emissão da duplicata por meio eletrônico e há comprovante de entrega de mercadoria ou de prestação de serviço. O Tribunal Superior argumenta que deve haver uma flexibilização quanto à cartularidade das Duplicatas, por conta do advento da informática na "praxe mercantil".

> EXECUÇÃO DE TÍTULO EXTRAJUDICIAL. DUPLICATA VIRTUAL. PROTESTO POR INDICAÇÃO. BOLETO BANCÁRIO ACOMPANHADO DO COMPROVANTE DE RECEBIMENTO DAS MERCADORIAS. DESNECESSIDADE DE EXIBIÇÃO JUDICIAL DO TÍTULO DE CRÉDITO ORIGINAL. 1. As duplicatas virtuais – emitidas e recebidas por meio magnético ou de gravação eletrônica – podem ser protestadas por mera indicação, de modo que a exibição do título não é imprescindível para o ajuizamento da execução judicial. Lei 9.492/97. 2. **Os boletos de cobrança bancária vinculados ao título virtual, devidamente acompanhados dos instrumentos de protesto por indicação e dos comprovantes de entrega da mercadoria ou da prestação dos serviços, suprem a ausência física do título cambiário eletrônico e constituem, em**

<www.stj.jus.br/docs_internet/informativos/RTF/Inf0467.rtf>. Acesso em: 04 de abril de 2017.

princípio, títulos executivos extrajudiciais. 3. Recurso especial a que se nega provimento. (**STJ** - REsp 1024691 PR 2008/0015183-5. TERCEIRA TURMA. Relator Ministra NANCY ANDRIGHI. **Publicação DJe 12/04/2011**). [grifos nossos]

Entendeu o STJ por admitir o protesto do boleto bancário por indicação, baseado em duplicata virtual fielmente retratada, com as devidas comprovações de entrega de mercadoria ou prestação de serviço e considerou verdadeiro "fetiche"[85] a representação física da cártula.

Percebe-se que é uma tendência do STJ aceitar a possibilidade de protesto por indicação de boleto bancário, devidamente instruído, ainda que a duplicata seja física, conforme julgado a seguir.

> AGRAVO REGIMENTAL EM AGRAVO EM RECURSO ESPECIAL. DUPLICATA. PROTESTO POR INDICAÇÃO. POSSIBILIDADE. SÚMULA 83/STJ. AFRONTA AO ART. 535 DO CPC NÃO CONFIGURADA. CUMPRIMENTOS DE ASPECTOS FORMAIS DA DUPLICATA. SÚMULA 7/STJ.

---

85 Ibid.

1. O Tribunal de origem decidiu em harmonia com a jurisprudência consolidada nesta Corte Superior, no sentido da **possibilidade do protesto de duplicata por indicação a partir de boleto bancário, desde que acompanhado do instrumento de protesto, notas fiscais e comprovante de entregas das mercadorias.**
2. Agravo regimental não provido. (**STJ** - AgRg no AREsp 500432 / SC - 2014/0082627-9. Quarta Turma. Ministro Luis Felipe Salomão. **Publicação DJe 10/03/2015).** [grifos nossos]

AGRAVO REGIMENTAL. AGRAVO EM RECURSO ESPECIAL. COMPROVANTES DE PREPARO ILEGÍVEIS. FALHA NA DIGITALIZAÇÃO NO TRIBUNAL DE ORIGEM. PROTESTO POR INDICAÇÃO DE BOLETO BANCÁRIO. DIVERGÊNCIA JURISPRUDENCIAL COMPROVADA. 1. A alegação de falha ou erro no procedimento de digitalização realizado pelo Tribunal de origem, quando devidamente comprovada, tem o condão de afastar o óbice da deserção. 2. **É possível o protesto de duplicata por indicação a partir de boleto bancário, desde que acompanhado do instrumento de protesto, notas fiscais e comprovante de entregas das mercadorias. 3. Divergência jurisprudencial comprovada.** 4. Agravo regimental provido. (**STJ** - AgRg no

AREsp 350896 / MG - 2013/0165309-7. Terceira Turma. Ministro João Otávio Noronha. **Publicação DJe 28/03/2016).** [grifos nossos]

O protesto do boleto bancário emitido por uma instituição financeira com base em uma duplicata que permaneceria em estado latente, podendo ser impressa a qualquer tempo, traz certo estranhamento, pois, como afirma Parentoni[86], o boleto bancário não é título de crédito.

> (...) pode-se concluir que o boleto bancário não equivale a um título de crédito. Este título é a duplicata que, como visto, permanece em estado potencial/virtual, pois a circulação do crédito se processa de maneira escritural, dispensando a extração da cártula em papel, por conveniência do próprio mercado (costume mercantil).

Estaria o boleto bancário se consolidando pelos costumes em um documento apto a impor ao devedor uma cobrança tal quais os títulos de crédito? Esse instrumento de cobrança estaria apto a preencher todos os requisitos próprios do direito cambial, ainda que se considere que a emissão da cártula é dispensável? São questionamentos que podem trazer

---

86 Op. Cit., p. 454.

consequências ainda não tão bem definidas ao ordenamento jurídico.

Quanto ao fenômeno da desmaterialização dos títulos de crédito, em especial, com o surgimento do que se chama duplicata virtual, a jurisprudência e a doutrina chancelam práticas incompatíveis com o regramento do Direito Cambial, ao aceitarem que o protesto por indicações do portador (com o comprovante de entrega de mercadoria ou da prestação de serviço) de um boleto bancário esteja apto a instruir uma ação executiva instruída por um aviso de cobrança, baseado em um título de crédito que jamais existiu; ou a permitir que o credor se utilize de um instrumento gravoso como a ação pré-falimentar, para requerer a quebra do devedor com base em uma duplicata virtual.

Por certo, o regramento atual cambiário não contempla essas hipóteses de forma legal, que vão sendo criadas ao bel-prazer do credor, como forma de garantir que o devedor seja forçado a pagar, ainda que misture todo um arcabouço de conceitos, princípios e regras, a fim de formar um "novo ordenamento jurídico" para as situações que os próprios titulares do direito creditício criaram.

Com isso, é preciso que haja uma atuação muito clara do operador jurídico, de forma a não permitir atitudes invasivas e de total desapreço por uma doutrina cambial já consolidada, e afastando, por vezes, comportamentos predatórios, de forma a evitar a flexibilização de certos institutos cambiais a tal ponto, que a segurança jurídica seja comprometida, dando azo à configuração de delitos penais, por conta da vulnerabilidade da emissão de duplicatas virtuais, sem o respaldo legal necessário.

4. Execução e o meio eletrônico

Nesse capítulo, abordar-se-ão as questões referentes às execuções singular e coletiva dos títulos eletrônicos, e, em especial, como a duplicata virtual é tratada, nesse aspecto, pela doutrina e pela jurisprudência.

O tema é de bastante relevância, pois há uma dissonância entre o que preconiza o ordenamento jurídico sobre quais são os títulos executivos extrajudiciais, quais requisitos devem ser preenchidos para que um título tenha executividade, e como a jurisprudência vem aceitando a execução de títulos eletrônicos, embora não preencham todas as especificidades, para serem considerados títulos de crédito regidos pelo Direito Cambial.

4.1. Execução singular

Deveria ser consectário lógico que, em uma relação obrigacional, as partes cumprissem com o acordado previamente, porém, às vezes, não é isso o que ocorre. Diante disso, pode se valer a parte que se sentir lesada a uma atividade processual que "force" o seu cumprimento chamada: execução.

Câmara[87] afirma que a execução pode ser voluntária ou forçada, como disposto no CPC.

> É, pois, uma atividade destinada a fazer com que se produza, na prática, o mesmo resultado prático, ou um equivalente seu, do que se produziria se o direito tivesse sido voluntariamente realizado pelo sujeito passivo da relação jurídica obrigacional. A princípio, o que se espera é que o devedor da obrigação a realize voluntariamente, adimplindo com seu dever jurídico (ou seja, executando voluntariamente a prestação). Caso não ocorra a execução voluntária, porém, é lícito ao credor postular a *execução forçada*. [grifo do autor]

O legitimado ativo para promover a execução forçada é o credor "a quem a lei confere título executivo" (art. 778, CPC), chamado de legitimado ativo originário, incluindo-se o Ministério Público, quanto à execução da sentença promovida na ação civil pública (ar. 778, I, CPC). A lei prevê ainda os legitimados ativos secundários: espólio, herdeiros, sucessores, cessionários e sub-rogados (art. 778, §1º, II, III e IV, CPC), que

---

[87] CÂMARA, Alexandre F. O Novo Processo Civil Brasileiro. São Paulo: Atlas, 2015, p. 315.

podem instaurar ou continuar a execução no lugar do exequente original nas hipóteses legais.

Os legitimados passivos, elencados nos incisos do art. 779, CPC são, de igual forma, originários ou secundários: devedor do título, espólio, herdeiros, sucessores, fiador, responsável de bem com garantia real e responsável tributário.

No processo civil brasileiro, há duas formas de se regular a execução: como uma fase complementar da fase de conhecimento, resultando em um processo sincrético, fundada em título executivo judicial (art. 515, CPC), ou como um processo de execução baseado em título executivo extrajudicial (art. 784, CPC). Embora os títulos elencados nos arts. 515, VI a IX, CPC, sejam fundados em sentenças judiciais, com esses deve ser instaurado um processo executivo autônomo para o cumprimento da sentença proferida por outro juízo.

Como não há na fase de cumprimento de sentença ou no processo de execução a satisfação voluntariamente da obrigação pelo devedor, impõe-se a prestação jurisdicional, nesse sentido, como forma de satisfazer o direito do exequente.

Neves[88] aponta o princípio do desfecho único no processo de execução:

> O processo de execução se desenvolve com um único objetivo; entregar ao exequente, dentro da maior proximidade possível, tutela idêntica a que obteria sem o processo. Por ser esse o objetivo único da execução, fala-se também em princípio do desfecho único, considerando-se que a única forma de prestação que pode ser obtida em tal processo é a satisfação do direito do credor.

Para tanto, o Estado-juiz pode valer-se de meios executivos para alcançar o resultado útil do processo. Câmara[89] aponta que esse pode ser alcançado por dois mecanismos: meios de coerção e meios de sub-rogação.

Os meios de coerção (indiretos) são os utilizados, a fim de constranger o devedor psicologicamente a adimplir a obrigação, como: multas, protesto (art. 517, CPC), inscrição nos órgãos restritivos de crédito (art. 782, §3º, CPC).

---

88 NEVES, Daniel. Princípios da Execução, 2010. Disponível em: <http://www.professordanielneves.com.br/assets/uploads/novidades/201011151812300.principiosdaexecucao.pdf >. Acesso em: 22 de junho de 2017.
89 Op. Cit., p. 318.

Já nos meios de sub-rogação (diretos), promovem-se atividades pelo Estado-juiz que buscam satisfazer de forma efetiva o crédito exequendo, como busca e apreensão de bens, bloqueio da conta corrente, percentual do faturamento da empresa devedora, entre outras medidas, observando-se o rol dos bens impenhoráveis (art. 833, CPC).

A instauração do procedimento executivo deve estar fundada na afirmação do credor de que possui uma obrigação certa, líquida e exigível, representada por um título executivo (art. 783, CPC), "sob pena de se considerar ausente o interesse de agir *in executivis*" [90].

O critério da certeza que reveste uma obrigação refere-se a constar no título os elementos corretamente identificados: credor, devedor e objeto, não remanescendo dúvida sobre quem cobra, quem deve e o que é cobrado.

Quanto à liquidez, caso a obrigação seja de bem fungível[91], a quantia a ser cobrada deve ser determinada, especificando-se os valores a serem executados. E também a obrigação precisa ser exigível, não estando sujeita a termo,

---

90 CÂMARA, Alexandre F. Op. Cit., p. 321.
91 Art. 85, Lei 10.406/02.

condição ou encargo[92], podendo ser cobrada imediatamente pelo exequente.

Com isso, percebe-se que são passíveis de execução os chamados títulos executivos, que possuem os requisitos explanados anteriormente. Câmara[93] afirma que o título executivo é requisito essencial para configurar o interesse de agir do credor (*in executivis*), e é um ato jurídico capaz de gerar responsabilidade patrimonial.

> Assim, o título executivo é o ato jurídico capaz de legitimar a prática dos atos de agressão a serem praticados sobre os bens que integram um dado patrimônio, de forma a tornar viável sua utilização na satisfação de um crédito.

Ressalta esse autor que os títulos executivos não devem ser confundidos com os próprios documentos (sentença, cheque, duplicata, etc.), sendo aqueles, na verdade, atos jurídicos capazes de promoverem a execução, sendo cada documento o instrumento hábil a embasar a eficácia executiva do título.

---

92 Art. 121 e seguintes, Lei 10.406/02.
93 Op. Cit., p. 322.

> Assim, por exemplo, a afirmação legal de que a sentença civil é título executivo (art. 515, I) deve ser entendida no sentido de que o ato do juiz que impõe o cumprimento de um dever que exige posterior execução forçada é título executivo, não sendo título o documento que lhe dá suporte. Deste modo, se houver um acidente que destrua os autos (impressos ou eletrônicos) e, em razão disso, se impuser a *restauração de autos* (arts. 712 a 718), formar-se-á um novo suporte, mas será o mesmo o ato (a sentença), que servirá de título executivo, não tendo sido constituído um novo título. [grifos do autor]

Dessa forma, são geradas duas espécies de títulos: os judiciais, que decorrem de um processo de conhecimento (art. 515, e incisos, CPC); e os extrajudiciais, cujo suporte é garantido pelos documentos, aos quais a lei confere executividade de plano, caso sejam certos e líquidos (art. 784 e incisos, CPC).

Com relação ao cumprimento de sentença, o meio de defesa do executado é a impugnação (art. 525,§1º, CPC), cujo rol é taxativo, já que toda a matéria fática e probatória foi discutida na fase de conhecimento. No processo de execução, o meio de defesa são os embargos do devedor, que é uma ação autônoma que tramita apensada aos autos principais da execução, e as matérias a serem alegadas pelo executado são mais amplas (art. 917, e incisos CPC).

Restringindo-se a abordagem aos títulos executivos extrajudiciais, percebe-se que são atos jurídicos, cujos suportes são documentos públicos ou particulares, a que a lei garante força executiva (art. 784, CPC).

Neves[94] chama a atenção para o fato de que os títulos extrajudiciais não podem ser criados livremente.

> Mais uma vez é importante registrar que **são títulos executivos extrajudiciais somente aqueles documentos que a lei federal expressamente prevê como tal,** não havendo no direito nacional a possibilidade de criação de título extrajudicial fundado apenas na vontade das partes envolvidas na relação jurídica de direito material (*nulla titulus sine lege*). [grifos nossos]

Os títulos de crédito cambiais e cambiariformes: letra de câmbio, nota promissória, duplicata, cheque, estão dispostos no art. 784, I, CPC. São considerados pela lei processual civil

---

[94] NEVES, Daniel A. A. Manual de Direito Processual Civil. 8. ed. Salvador: Ed. JusPodivm, 2016, p. 1479.

como documentos aptos a perfectibilizarem os atos jurídicos a que se dispõem e a instrumentalizarem o processo de execução, caso não haja pagamento no termo aprazado e de forma voluntária; já que a obrigação constante nos títulos de crédito é certa, líquida e exigível, por força de lei (art. 786, CPC).

Como nem sempre um crédito pode ser recuperado de forma rápida, passaram os bancos, assim, a emitirem o chamado "borderô" ou contrato de desconto bancário, como já explanado anteriormente. A origem desse contrato remota ao século XVIII na Inglaterra, segundo Requião[95], quando os banqueiros passaram a transformar a letra de câmbio em crédito.

> O famoso banqueiro Petterson, fundador do Banco da Inglaterra, foi quem no fim do mesmo século realizou essa transformação, inventando o *desconto bancário*: o banqueiro adquire as letras de câmbio para permitir aos comerciantes utilizar, com o fito de obter recursos imediatos, os créditos a prazo que possuem de seus fregueses. [grifo do autor]

Prática rotineira nas transações comerciais, nas quais os credores de títulos de crédito transferem os direitos constantes

---
[95] Op. Cit., p. 397.

nos mesmos por meio do endosso cambiário aos bancos, mediante desconto de valor determinado, de modo que esses novos credores esperem a data aprazada no título para resgate.

Verifica-se que o contrato de desconto bancário não figura no rol dos documentos aptos a instaurarem um processo executivo, e, nesse sentido, é o entendimento do STJ[96]:

> DIREITO PROCESSUAL CIVIL. CONTRATO DE DESCONTO BANCÁRIO (BORDERÔ). NÃO CARACTERIZAÇÃO DE TÍTULO EXECUTIVO EXTRAJUDICIAL.
>
> **O contrato de desconto bancário (borderô) não constitui, por si só, título executivo extrajudicial, dependendo a execução de sua vinculação a um título de crédito dado em garantia ou à assinatura do devedor e de duas testemunhas**, nos termos do art. 585 do CPC. Precedentes citados: AgRg no REsp 683.918-PR, DJe 13/4/2011; AgRg no REsp 916.737-SC, DJ 14/12/2007, e AgRg no Ag 460.436-SC, DJ 23/6/2003. REsp 986.972-MS, Rel. Min. Luis Felipe Salomão, **julgado em 4/10/2012**. [grifos nossos]

---

[96] REsp 986.972-MS – Informativo nº 506, de 04 a 17 de outubro de 2012. Disponível em: <www.stj.jus.br/docs_internet/informativos/RTF/Inf0506.rtf>. Acesso em: 04 de abril de 2017.

O título de crédito é o suporte documental apto a promover a execução extrajudicial, já que é a base da confecção do contrato de desconto de bancário, e não este apenas. Caso o "borderô" seja assinado pelo devedor e por duas testemunhas, é documento capaz de instaurar o processo executivo e deve ser vinculado a título de crédito.

> AGRAVO REGIMENTAL NO AGRAVO DE INSTRUMENTO. EXECUÇÃO. BORDERÔ DE DESCONTO VINCULADO A NOTA PROMISSÓRIA. DÚVIDA SOBRE A APRESENTAÇÃO DO TÍTULO DE CRÉDITO E DA EXISTÊNCIA DE ASSINATURA DAS TESTEMUNHAS INSTRUMENTÁRIAS. 1. **Estando o borderô de desconto vinculado a um título de crédito e assinado por duas testemunhas, possui executividade.** 2. Havendo dúvida sobre a apresentação do título de crédito pelo credor e da existência de assinatura das testemunhas instrumentárias, devem os autos retornar ao Tribunal de origem para aplicação do direito à espécie. 3. Agravo regimental a que se nega provimento. (**STJ** -AgRg nos EDcl no Ag 1330420/SP, Rel. Ministra MARIA ISABEL GALLOTTI, Quarta Turma, **Publicação DJe 28/09/2015**) [grifos nossos]
>
> AGRAVO REGIMENTAL NO RECURSO ESPECIAL - EXCEÇÃO DE PRÉ- EXECUTIVIDADE - ALEGAÇÃO

DE QUE O BORDERÔ DE DESCONTO DE NOTAS PROMISSÓRIAS NÃO É TÍTULO EXECUTIVO - ACÓRDÃO QUE MANTEVE SENTENÇA DE EXTINÇÃO DA EXECUÇÃO - DECISÃO QUE DEU PROVIMENTO AO RECURSO ESPECIAL. INSURGÊNCIA DO EXECUTADO. 1. **Encontrando-se o borderô vinculado a um título de crédito e assinado por duas testemunhas, possui executividade.** Precedentes. 2. **No caso em questão, além de o borderô estar vinculado a notas promissórias, também está assinado pelo devedor e por duas testemunhas,** conforme reconheceram as instâncias ordinárias. 3. Agravo regimental desprovido."(**STJ** - AgRg no REsp 1.122.995/AL, Quarta Turma, Rel. Ministro Marco Buzzi, **Publicação DJe 01/08/2014**). [grifos nossos]

Didier Jr. *et al*, em sua obra[97], destaca que, caso a obrigação não seja cumprida, o patrimônio do devedor ou de terceiro responsável pode ser atingido por meio da execução forçada para satisfazer a obrigação contraída. Chama-se responsabilidade patrimonial, prevista no art. 789, CPC e seguintes.

---

97 DIDIER JÚNIOR, Fredie S.; CUNHA, Leonardo C. da; BRAGA, Paula S.; OLIVEIRA, Rafael A. de. Curso de Direito Processual Civil: Execução. 7. ed. Salvador: Ed. JusPodivm, 2017, p. 331.

> A *responsabilidade patrimonial* (ou responsabilidade executiva) seria, segundo doutrina maciça, o estado de sujeição do patrimônio do devedor, ou de terceiros responsáveis (cf. art. 790, CPC), às providências executivas voltadas à satisfação da prestação devida. Seria a sujeição potencial e genérica de seu patrimônio. Haveria a *possibilidade* de sujeição de *todos* os seus bens (dentro dos limites da lei), não sujeição efetiva e específica de um deles. [grifos do autor]

Neves[98] ressalta que a obrigação é estática, pois há uma expectativa quanto ao seu cumprimento, enquanto a responsabilidade patrimonial é dinâmica, já que depende da prestação jurisdicional para que a obrigação seja satisfeita.

Reconhecendo-se o inadimplemento, surge a responsabilidade que recai sobre os bens do devedor originário, chamada de primária (art. 789 e art. 790, I, III, V, VI e VII, CPC); ou ainda a responsabilidade que atinge bens de terceiro, chamada de secundária, pois atinge pessoa diversa do devedor que não integra o processo executivo, como sócio ou cônjuge/companheiro (art. 790, II e IV, CPC).

---

98 Op. Cit., p. 1491.

É indiferente, como destaca Didier Jr. *et al*[99], o momento em que os bens sujeitos à execução foram adquiridos.

> (...) respondem os bens que integram o patrimônio do devedor quando da execução – pouco importando quando foram adquiridos, se antes ou depois da constituição da obrigação, se antes ou depois de iniciada a atividade executiva. (...)
>
> Acrescentam à letra da lei que também respondem os *bens pretéritos* (transferidos para terceiro antes da execução), que tenham sido dados em garantia real (penhor ou hipoteca) ao credor ou alienados em fraude à execução ou fraude contra credores. [grifo do autor]

Deve haver para esse autor uma interpretação conjunta dos arts. 789, art. 790, III e art. 845, *caput*, CPC, para se chegar a essa interpretação quanto aos bens responsáveis pela execução do devedor/terceiro, ressalvando-se os casos de impenhorabilidade.

> Art. 789. O devedor responde com todos os seus bens presentes e futuros para o cumprimento de suas obrigações, salvo as restrições estabelecidas em lei.

---

[99] Op. Cit., p. 344.

> Art. 790. São sujeitos à execução os bens:
> (...)
> III - do devedor, ainda que em poder de terceiros; (...)
> Art. 845. Efetuar-se-á a penhora onde se encontrem os bens, ainda que sob a posse, a detenção ou a guarda de terceiros.

O legislador pretendeu no art. 833, CPC e na Lei 8009/90 (bem de família), ressalvar os bens do devedor que são incapazes de sofrer qualquer medida constritiva para a responsabilização patrimonial. A razão da limitação da execução é para preservar o mínimo existencial, assegurando o direito fundamental da dignidade da pessoa humana.

> A garantia de que alguns bens jamais sejam objeto de expropriação judicial é a tentativa mais moderna do legislador de preservar a pessoa do devedor, colocando-se nesses casos sua dignidade humana em patamar superior à satisfação do direito do exequente. É corrente na doutrina a afirmação de que razões de cunho humanitário levaram o legislador à criação da regra da impenhorabilidade de determinados bens. [100]

---

100 Neves, Daniel A. A. Op. Cit., p. 1495.

Assim, deve o credor, ao relacionar os bens do devedor que possam garantir a execução, observar se esses não se enquadram no rol de bens absolutamente impenhoráveis; o que pode ocasionar em uma execução frustrada.

Quanto à execução singular dos títulos eletrônicos, esses devem instruir a petição inicial do processo distribuído eletronicamente, como forma a cumprir o art. 320 do CPC. Alves e Faria[101] afirmam que, para serem executáveis esses títulos, esses devem constar com as assinaturas eletrônicas de todos os envolvidos para que se possa aferir, se essas assinaturas são autênticas em relação aos seus signatários.

> Havendo um título eletrônico, este pode ser juntado ao processo eletronicamente, mas as assinaturas eletrônicas constantes no título devem ser igualmente acostadas aos autos. Trata-se das assinaturas de todas as partes envolvidas naquele título de crédito, inclusive de possíveis avalistas e coobrigados.

Já quanto à força probante dos documentos eletrônicos, como, por exemplo, os títulos de crédito, nos processos físicos, o CPC traz dos artigos 439 a 441 a necessidade de conversão

---

101 Op. Cit., p. 316.

dos documentos eletrônicos em impressos para que sejam admitidos em juízo, e que cabe ao juiz decidir sobre seu valor probante, caso não seja convertido para a forma impressa.

> Art. 439. A utilização de documentos eletrônicos no processo convencional dependerá de sua conversão à forma impressa e da verificação de sua autenticidade, na forma da lei.
>
> Art. 440. O juiz apreciará o valor probante do documento eletrônico não convertido, assegurado às partes o acesso ao seu teor.
>
> Art. 441. Serão admitidos documentos eletrônicos produzidos e conservados com a observância da legislação específica.

O documento eletrônico deve ser analisado em dois momentos apontados por Donizetti[102]:

> A verificação da autenticidade de um documento eletrônico comporta dois momentos distintos. Inicialmente, verifica-se a autenticidade na origem do documento, isto é, a autoria do documento. O segundo momento corresponde à verificação da integridade do documento.

---

102 DONIZETTI, Elpídio. Documentos Eletrônicos, 2017. Disponível em: < https://portalied.jusbrasil.com.br/artigos/447339705/documentos-eletronicos?ref=topic_feed>. Acesso em: 26 de julho de 2017.

Tanto a autenticidade quanto a integridade do documento, segundo esse autor, são passíveis de aferição por meio da assinatura eletrônica, que identifica quem manifestou vontade ao assinar o documento digitalmente, bem como os dados nele inseridos através da criptografia. Esse procedimento gera chave pública[103], aferida pelas autoridades certificadoras, que emitem um certificado digital de que o documento é valido e não foi adulterado.

O documento eletrônico, como meio de prova, não convertido para a forma impressa, quando o processo for físico, depende da força probante atribuída pelo juiz. Dessa forma, o processo de execução com autos físicos poderia ou não ser instruído pelo título de crédito não cartular.

---

[103] IBM KNOWLEDGE CENTER. Criptografia de Chave Pública. "A criptografia de chave pública usa um par de chaves relacionadas matematicamente. Cada participante em um sistema de chave pública possui um par de chaves. Uma chave é nomeada como a chave privada e é mantida secreta. A outra chave é distribuída para quem deseja recebê-la; essa chave é a chave pública. Qualquer um pode criptografar uma mensagem usando sua chave pública, mas apenas você pode lê-la. Ao receber a mensagem, decriptografe-a usando sua chave privada. É possível, então, enviar a mensagem com segurança através de uma conexão não segura." Disponível em:
<https://www.ibm.com/support/knowledgecenter/pt-br/SSKM8N_8.0.0/com.ibm.etools.mft.doc/ac55940_.htm>. Acesso em: 26 de julho de 2017.

Nesse entendimento, o título virtual, caso não fosse impresso, deveria submeter-se ao crivo do juiz, como meio de prova apto a instruir um processo de execução. Por exemplo, a implantação do "cheque virtual" [104] permite que o sacador compense-o pelo celular através de um aplicativo, sem precisar passar por um processo de compensação bancária tradicional. Nessa hipótese de título de crédito tornado virtual, esse pode ser descartado em 60 dias ou pode ocorrer seu extravio, ficando a cargo do magistrado, verificar se o documento seria apto a instruir um processo executivo.

Portanto, a executividade dos títulos considerados virtuais nos processos físicos ficaria comprometida, já que caberia ao magistrado decidir pela força probatória do crédito constante no título não cartular, caso não fosse convertido à forma impressa, por conta da dificuldade em se aferir a autenticidade e a integridade do documento apresentado pelo credor; o que poderia tornar, dependendo do entendimento de cada juiz, o título em exigível ou não.

---

104 BANCO DO BRASIL. Depósito em cheque pelo celular. Disponível em: <http://www.bb.com.br/pbb/pagina-inicial/estilo/produtos-e-servicos/contas/deposito-em-cheque-pelo-celular#>. Acesso em: 26 de julho de 2017.

Reside, nesse ponto, um possível entrave à executividade em decorrência da desmaterialização dos títulos de crédito, pois atuaria o magistrado como um legislador do caso concreto, o que poderia comprometer a estrita legalidade das regras do título de crédito, pois o magistrado, de forma discricionária, decidiria se o título eletrônico poderia ser executado, o que não traz segurança jurídica às relações comerciais.

De forma diversa, afirmam Fernandes e Toledo[105] que a executividade dos títulos de crédito escriturais ou eletrônicos é perfeitamente possível, mediante certidão expedida pela Cetip[106] (Central de Custódia e de Liquidação Financeira de Títulos), que representa os títulos escriturais por ela acautelados.

---

105 Op. Cit., p. 133.
106 CETIP. Institucional. "A Cetip é a integradora do mercado financeiro. É uma companhia de capital aberto que oferece serviços de registro, central depositária, negociação e liquidação de ativos e títulos. Por meio de soluções de tecnologia e infraestrutura, proporciona liquidez, segurança e transparência para as operações financeiras, contribuindo para o desenvolvimento sustentável do mercado e da sociedade brasileira. A empresa é, também, a maior depositária de títulos privados de renda fixa da América Latina e a maior câmara de ativos privados do país." Disponível em: < https://www.cetip.com.br/Institucional/seguran%C3%A7a-que-move-o-mercado#!>. Acesso em: 02 de agosto de 2017.

> Os títulos de crédito escriturais encontram-se registrados em sistema de registro e de liquidação financeira de ativos, no caso, a Cetip – Central de Custódia e de Liquidação Financeira de Títulos, sociedade anônima de capital aberto, autorizada a funcionar e regulada pela Comissão de Valores Mobiliários e pelo Banco Central do Brasil.
>
> Por sua vez, a Lei nº 12.249/2010 atribuiu à certidão expedida pela Cetip a representação física dos títulos de crédito escriturais registrados eletronicamente, a qual serve para aparelhar a ação de execução. **Advirta-se, contudo, que não é a certidão da Cetip que possui força executiva, mas os títulos de crédito escriturais ou eletrônicos, os quais, obviamente, deverão ser representados de forma física pela certidão de inteiro teor expedida pela entidade registradora.** [grifos nossos]

Vislumbra-se, nesse apontamento, que a emissão de "título de crédito" criado eletronicamente não dispõe da executividade plena dos títulos cartulares. A imaterialização ou desmaterialização total dos títulos de crédito precisa ter respaldo físico, de modo a comprovar sua autenticidade.

Seria essa certidão, documento apto a instaurar um processo de execução, próprio dos documentos a que a lei confere executividade, como títulos executivos extrajudiciais?

Além de a criação de "títulos de crédito" que são incapazes de circular eletronicamente, essa certidão – que não é título de crédito – também é inábil a instruir um processo de execução. Há, na verdade, a escrituração do crédito, e não do próprio título de crédito. Os títulos sujeitos ao regime cambial devem seguir determinados princípios e regras para que possuam executividade.

Os costumes criados, em nome da agilidade negocial, estão conferindo à certidão de inteiro teor emitida pela entidade registradora (Cetip), aos boletos bancários, *status* de verdadeiros "títulos de crédito" que seriam aptos a instruir o processo executivo extrajudicial, quando os títulos forem criados de forma eletrônica – o que se distancia do regime conferido aos títulos de crédito pelo Direito Cambial – já que a apresentação da cártula na ação de execução no seu original é importante para demonstrar que o título parou de circular (*nulla executio sine titulo*) [107].

---

107 FERNANDES, Jean C. & TOLEDO, Alejandro M. Op. Cit., p. 134.

Criam-se títulos escriturais impossíveis de circularem por meio de endosso, assemelhando-se aos títulos "não à ordem", já que a regra é que os títulos de créditos sejam "à ordem", podendo circular livremente, ainda que não haja previsão expressa nesse sentido.

> Art. 11 - Toda a letra de câmbio, mesmo que não envolva expressamente a cláusula à ordem, é transmissível por via de endosso.
>
> Quando o sacador tiver inserido na letra as palavras "não à ordem", ou uma expressão equivalente, a letra só é transmissível pela forma e com os efeitos de uma cessão ordinária de créditos.

Assim, o efeito previsto para esses títulos é de cessão ordinária de créditos[108], e não de circulação regida pelo direito cambiário.

4.2. Executividade da duplicata virtual

Constituindo-se a chamada duplicata virtual em um documento cujo registro do crédito é realizado em meio

---
[108] Art. 11 do Anexo I, Decreto 57.663 de 1966.

eletrônico, são postos em xeque princípios do direito cambial como: a cartularidade e a literalidade dos títulos de crédito.

Deve ser reconhecida que a crescente tecnologia permitiu grande avanço e rapidez nas transações mercantis, o que certamente deu início a novas formas de documentação dos créditos gerados dessas operações, figurando-se, entre elas, para alguns doutrinadores, a duplicata emitida de forma eletrônica.

Embora o crédito constante na duplicata seja feito por meio de suporte eletrônico, assegura Coelho[109] que a executividade desse título resta igualmente mantida, comparada à emitida em suporte físico de papel.

> **Para a execução de título eletrônico, desmaterializado, será necessária a alteração legislativa, com certeza. O direito em vigor dá sustentação, contudo, à execução da duplicata eletrônica, porque não exige especificamente a sua exibição em papel**, como requisito para liberar a prestação jurisdicional satisfativa. Institutos assentes no direito cambiário nacional, como são o aceite por presunção, o protesto por indicações e a execução da duplicata não assinada, permitem que o empresário, no Brasil, possa informatizar

---

[109] Op. Cit., p. 167.

por completo a administração do crédito concedido. [grifos nossos]

Nesse caso, o credor envia os dados do crédito constante na duplicata virtual ao banco, que emitirá um boleto ao comprador/tomador de serviço pelo Correio ou eletronicamente, podendo ser pago em qualquer lugar e banco do país.

Caso o pagamento do boleto, gerado com base na duplicata emitida virtualmente, não seja realizado pelo comprador/tomador de serviço, o credor remeterá eletronicamente os dados ao Cartório de Protesto, a fim de realizar o protesto por indicações do título.

A Lei de Protesto 9.492/97 garante a possibilidade de envio desses dados eletronicamente.

> Art. 8º Os títulos e documentos de dívida serão recepcionados, distribuídos e entregues na mesma data aos Tabelionatos de Protesto, obedecidos os critérios de quantidade e qualidade.
>
> Parágrafo único. Poderão ser recepcionadas as indicações a protestos das Duplicatas Mercantis e de Prestação de Serviços, por meio magnético ou de gravação eletrônica de dados, sendo de inteira responsabilidade

do apresentante os dados fornecidos, ficando a cargo dos Tabelionatos a mera instrumentalização das mesmas.

Esse autor[110] sugere que pode ser criado um sistema informatizado pelo vendedor/prestador de serviços, no qual o comprador/tomador de serviço deverá com a utilização de assinatura eletrônica, que utiliza criptografia, manifestar sua vontade em contratar determinada mercadoria ou prestação de serviço. Esse sistema geraria um relatório ao credor que respaldaria as transações realizadas com a concordância do comprador/tomador de serviço, que, com a utilização de assinatura criptografada, manifestaria sua vontade em realizar o negócio, bem como garantiria o recebimento das mercadorias ou prestação do serviço.

É jurídica, portanto, a execução de duplicata eletrônica (isto é, nunca papelizada), com a exibição em juízo do instrumento de protesto por indicações e do relatório do sistema do credor, que comprova o recebimento das mercadorias pelo sacado. A veracidade do relatório pode, ou não, tornar-se matéria controversa, dependendo das alegações dos embargos. Nesse caso, por meio das perícias judiciais competentes, restará

---

110 Op. Cit., p. 168.

> esclarecido se o registro eletrônico do recebimento das mercadorias somente poderia ter sido gerado com a necessária manifestação de vontade do comprador, no sentido de que recebera a coisa vendida. [grifos nossos]

Dessarte, possíveis questionamentos quanto à veracidade do documento gerado pelo sistema ou da assinatura eletrônica do comprador/tomador de serviço deverão ser discutidos em sede de embargos do devedor, cabendo à perícia avaliar eventuais pontos controvertidos suscitados, segundo Coelho.

4.3. Execução coletiva baseada no título de crédito

A Lei 11.101/05 regula a recuperação judicial, a extrajudicial e a falência do empresário e da sociedade empresária, constituindo a falência um procedimento mais gravoso ao devedor, posto não haver mais possibilidade de que esse honre com seus compromissos com o prosseguimento da atividade empresarial.

O art. 94 da Lei de Falências apresenta um rol taxativo de hipóteses em que poderá ser decretada a falência do devedor:

> Art. 94. Será decretada a falência do devedor que:
>
> I – sem relevante razão de direito, não paga, no vencimento, obrigação líquida materializada em título ou títulos executivos protestados cuja soma ultrapasse o equivalente a 40 (quarenta) salários-mínimos na data do pedido de falência;
>
> II – executado por qualquer quantia líquida, não paga, não deposita e não nomeia à penhora bens suficientes dentro do prazo legal;
>
> III – pratica qualquer dos seguintes atos, exceto se fizer parte de plano de recuperação judicial: (...)

Interessa a essa pesquisa, em particular, a hipótese contida no inciso I do art. 94, da Lei 11.101/05, por tratar dos títulos executivos protestados que somados superem o valor de 40 salários mínimos; já que os títulos de crédito possuem executividade, segundo o art. 784, I, CPC, e são passíveis de serem protestados.

Campinho[111] aponta que o art. 94, I, da referida Lei trata do sistema da impontualidade do devedor, cuja consequência é poder ter sua insolvabilidade decretada.

> Conforme se percebe claramente do preceito reproduzido, a impontualidade, capaz de gerar a presunção de insolvência, amparando a pretensão de se requerer e ver decretada a falência do devedor empresário, não é a simples falta de pagamento de uma obrigação. A lei exige, além do vencimento da obrigação, quando, então, passa a ser exigível, a concorrência, a saber: a) obrigação líquida; b) materializada em título ou títulos executivos protestados; c) soma que ultrapasse o equivalente a quarenta salários mínimos na data do ajuizamento do pedido; d) inexistência de relevante razão de direito a amparar o não pagamento.

Dessa forma, o título executivo que contenha uma obrigação líquida, em que haja certeza da sua existência (*an debeatur*) e da quantia pleiteada (*quantum debeatur*), e que atenda aos demais requisitos do art. 94, I, da Lei 11.101/15, é apto a instruir o pedido de falência do devedor.

---

111 Op. Cit., p. 222.

Essa disposição contida no título deve corresponder a uma obrigação pecuniária, por força do depósito elisivo previsto no art. 98, parágrafo único, da referida lei, que tem o condão de afastar a decretação da falência[112].

> A elisão da falência só se dá mediante o depósito da importância reclamada pelo credor, porque a obrigação líquida a ensejar a impontualidade é a de caráter pecuniário. Se assim não o fosse, o preceito contemplaria a consignação da coisa, ou seja, no caso, a mercadoria.

O credor para requerer a quebra do devedor deverá, no sistema da impontualidade, comprovar o protesto do título falencial, que configura a prova pública de que o devedor está inadimplente e descumpriu a obrigação descrita no título de crédito[113], a fim de constituí-lo em mora.

É importante ressaltar que, no pedido de falência, o título falencial deve ser apresentado no seu original ou em cópia autenticada, caso esteja em outro processo, e com o respectivo protesto para fim falimentar, conforme preceitua o art. 9º, parágrafo único c/c o art. 94, § 3º da Lei 11.101/05.

---
112 CAMPINHO, Sérgio. Op. Cit., p. 223.
113 Art. 1º, da Lei 9.492/97.

> Art. 9º A habilitação de crédito realizada pelo credor nos termos do art. 7º, § 1º, desta Lei deverá conter: (...)
>
> Parágrafo único. Os títulos e documentos que legitimam os créditos deverão ser exibidos no original ou por cópias autenticadas se estiverem juntados em outro processo.
>
> Art. 94 Será decretada a falência do devedor que: (...)
>
> § 3º Na hipótese do inciso I do caput deste artigo, o pedido de falência será instruído com os títulos executivos na forma do parágrafo único do art. 9º desta Lei, acompanhados, em qualquer caso, dos respectivos instrumentos de protesto para fim falimentar nos termos da legislação específica.

Insta salientar que o protesto para fim falimentar[114] (protesto especial) deve ser individualizado para cada título, como forma de não se impedir a decretação da falência, pois pode ser arguida como matéria de defesa pelo devedor. A falta de título executivo protestado[115], obviamente, se não existirem no conjunto dos títulos apresentados, algum título capaz de ensejar a falência por impontualidade do devedor, embora haja

---
114 Art. 23, parágrafo único, da Lei 9.492/97.
115 Art. 96, da Lei 11.101/15.

outros que não tenham cumpridos os requisitos, pode refutar o pedido de quebra por vício em protesto ou seu instrumento.

Caso haja o protesto cambial ou comum com o objetivo de se cobrarem os coobrigados pelo pagamento de um título de crédito, não é necessário que seja repetido o protesto especial, como aponta Campinho[116]:

> A opção pelo protesto próprio a esses títulos não pode ter o condão de prejudicá-lo no seu direito de requer a falência do devedor; nem tampouco se mostra razoável obrigá-lo a repetir o ato, como se disse, em total afronta à celeridade e à economia que devem inspirar os atos da vida empresarial contemporânea, livres, portanto, de formalidades inúteis. É princípio cediço que se o ato atingir o seu fim, não se deve impor a sua repetição.

O patamar mínimo para o requerimento da falência em quarenta salários mínimos tem o propósito de afastar requerimentos em valores ínfimos ou de pouca monta, pois se configura em procedimento bastante gravoso ao devedor, exigindo-se requisitos inafastáveis para a decretação da sua

---

116 Op. Cit., p. 239.

insolvência. Podem-se reunir os credores em litisconsórcio para que atendam a esse valor mínimo imposto pela lei[117].

Com relação à expressão "sem relevante razão de direito", pode-se entender que qualquer matéria defesa apta a obstar a decretação da falência por impontualidade, como as matérias de defesas elencadas no art. 96, da Lei 11.101/05, bem como decadência, novação, depósito judicial, litispendência, entre outras, são razões relevantes para que a quebra não seja decretada. Importa destacar que o marco temporal, para qualquer fato ou ato alegado pelo devedor em sua defesa, é que tenha ocorrido anteriormente à sua citação no processo de falência[118].

Uma manobra de que alguns credores se utilizam é da ação pré-falimentar como instrumento de cobrança, a fim de forçar o pagamento do valor apontado no título de crédito. Como afirma Campinho[119], não se deve, em hipótese alguma, manejar o pedido de falência com base na impontualidade de devedor, no lugar de uma ação regular de cobrança do título de crédito.

---
117 Art. 94, § 1º, da Lei 11.101/05.
118 Op. Cit., p. 247.
119 Op. Cit., p. 242.

Nunca se pode perder de vista que o requerimento de falência não é sucedâneo da ação de cobrança. Sua finalidade é a de dar solução judicial à situação de insolvência do devedor, submetendo o patrimônio insolvente à liquidação, cujo produto será partilhado entre os credores, dispostos segundo as preferências de seus títulos.

Caso o pedido na petição inicial seja de citação para pagamento do débito apontado no título, deve essa ser indeferida, por não se adequar ao pedido de uma ação pré-falimentar, que deve ser para apresentar resposta, como dispõe o art. 98, da Lei 11.101/05. Ficando claro o pedido de ação de cobrança, a inicial deve ser indeferida, pois estaria havendo "o mau uso do requerimento de quebra[120]"; o que traz consequências desastrosas a quem pontualmente descumpre suas obrigações, sem que haja outros fatores negativos que permitam a decretação da falência.

Desse modo, percebe-se que a legislação permite que haja o pedido de execução coletiva com base em título ou títulos executivos protestados (nesse trabalho, restringindo-se à análise dos títulos de crédito aptos a ensejarem o pedido de

---

120 CAMPINHO, Sérgio. Op. Cit., p. 252.

falência do devedor), caso se verifiquem as hipóteses descritas acima.

Diante disso, passa-se a verificação de como a doutrina e a jurisprudência brasileiras vêm aceitando ou não a possibilidade de se considerar a duplicata virtual, como um título, apto a instruir um pedido de falência do devedor, com base no art. 94, I, da Lei de Falências.

4.4. A duplicata virtual como título eletrônico falencial

Como afirmado, a duplicata constitui título de crédito previsto em lei especial (Lei 5.474/68), constituindo título executivo extrajudicial pela previsão do art. 784, I, CPC. Observando-se esses dispositivos legais, conclui-se que a duplicata protestada é título hábil a embasar o pedido de falência contra seu sacado ou aceitante, consoante o art. 94, I, da Lei 11.101/05.

Caso a duplicata enviada, não seja aceita, basta que haja o seu protesto com o comprovante de entrega das mercadorias ou a prova dos serviços prestados ao sacado ou ao tomador dos serviços. Pode haver também o protesto da duplicata por indicações do credor ou do portador do título[121], se essa não for devolvida: o protesto, nesse caso, supre a falta de aceite e do próprio título.

Surge, então, por conta do fenômeno da descartularização, a figura da duplicata eletrônica que poderia também ensejar um pedido de falência por impontualidade, haja vista seu crédito estar registrado em suporte magnético, comportando-se, segundo alguns estudiosos[122] do tema, como verdadeiro título de crédito em estado potencial, submetido ao regramento do direito cambial, embora não esteja presente fisicamente a cártula, o que seria dispensável, de acordo com esse posicionamento.

Campinho[123] não concorda com esses estudiosos e afirma que:

> (...) não há como chancelar a possibilidade da denominada duplicata eletrônica ou virtual servir de estribo a pedido de falência, justamente por não ser ela título executivo, consoante os regramentos que regulam tais títulos de crédito. O inciso I,

---
121 Art. 15, II, § 2º, da Lei 5.474/68.
122 PARENTONI, Op. Cit., p. 426; COELHO, Op. Cit., p. 167.
123 Op. Cit.,p. 233.

do artigo 94 é expresso em exigir que a obrigação líquida esteja materializada em título ou títulos executivos, requisito este que não cumpre a duplicata virtual.

Seguindo essa posição, percebe-se que o argumento de que a duplicata virtual tem as mesmas características da duplicata cartularizada, diferenciando-se apenas pela sua circulação em ambiente eletrônico, não se sustenta, já que não possui os mesmos requisitos da lei especial que a disciplina.

Reverbera Campinho[124] que o art. 8º, parágrafo único, da Lei 9.492/97 não é uma autorização para a circulação eletrônica da duplicata, posto apenas servir para desafogar os balcões dos cartórios de Protesto de Títulos.

> Art. 8º Os títulos e documentos de dívida serão recepcionados, distribuídos e entregues na mesma data aos Tabelionatos de Protesto, obedecidos os critérios de quantidade e qualidade.
>
> Parágrafo único. **Poderão ser recepcionadas as indicações a protestos das Duplicatas Mercantis e de Prestação de Serviços, por meio magnético ou de gravação eletrônica de dados, sendo de inteira responsabilidade do apresentante os dados fornecidos**, ficando a cargo dos

---

[124] Op, Cit.,p. 231.

> Tabelionatos a mera instrumentalização das mesmas. [grifos nossos]
>
> **Não se pode ver no preceito mais do que ele reflita. Não consagra, como já ouvimos, a duplicata virtual ou eletrônica.** Simplesmente permite que as declarações do credor ou do apresentante do título, nas condições do §2º, do artigo 15 da Lei 5474/68 se façam dessa forma, substituindo declarações escritas ou verbais realizadas nos balcões das serventias. Só isso. [grifos nossos]

Com isso, a duplicata virtual não constitui, portanto, título de crédito executivo apto a ser protestado e a instruir a ação pré-falimentar, como disposto no art. 94, I, da Lei 11.101/05, pois não se materializa na cártula, segundo o professor Campinho.

Credores ávidos, por reaverem seu crédito, acabam criando algo novo no universo jurídico e subvertem a normatização do direito cambial, já que não emitem mais a duplicata para aceite, pois essa estaria virtualmente acessível; fazem o protesto por indicação fora das hipóteses previstas no art. 15, II, § 2º da Lei das Duplicatas (não comprovando falta de aceite e não devolução do título); e, por fim protestam, na falta da duplicata cartular, o boleto bancário como forma a instruir não só a ação de cobrança do título de crédito, mas também como instrumento apto ao requerimento da falência do devedor.

Nesse sentido, os boletos bancários não se caracterizam como títulos de crédito, mas sim como avisos de cobrança enviados pelas instituições financeiras, que atuam em nome do credor. Os mandatários enviam esses documentos aos devedores, que, caso não sejam pagos, são protestados, sob a alegação de que não houve nem aceite nem devolução do título, que sequer foi enviado ao sacado da duplicata, para que pudesse aceitar ou proceder à sua recusa nas formas previstas na Lei.

A jurisprudência acaba sobrepondo preceitos básicos, em nome da celeridade na cobrança do crédito.

> DIREITO EMPRESARIAL. INSTRUÇÃO DO PEDIDO DE FALÊNCIA COM DUPLICATAS VIRTUAIS.[125]
> **A duplicata virtual protestada por indicação é título executivo apto a**

---

[125][27] REsp 1.354.776-MG. Informativo 547, de 8 de outubro de 2014. Disponível em: <www.stj.jus.br/docs_internet/informativos/RTF/Inf0547.rtf>. Acesso em: 04 de abril de 2017.

instruir pedido de falência com base na impontualidade do devedor. Isso porque o art. 94, I, da Lei de Falências (Lei 11.101/2005) não estabelece nenhuma restrição quanto à cartularidade do título executivo que embasa um pedido de falência. **(STJ - REsp 1.354.776-MG, Min. Rel. Paulo de Tarso Sanseverino, julgado em 26/8/2014.** [grifo original]

Além do que já foi dito sobre o indevido protesto por indicação da duplicata virtual, parece a decisão supramencionada não se atentar no art. 94, I, da indigitada lei ao termo "materializada", e no art. 9º, parágrafo único, da mesma lei ao termo "original ou cópia autenticada", ao se referirem aos títulos executivos aptos a ensejar o pedido de falência.

O fenômeno da duplicata virtual, com o consequente protesto por indicação do boleto bancário, vem ganhando espaço na jurisprudência pátria, porém não se pode confundir a circulação de crédito de forma eletrônica com títulos de créditos virtuais, que não encontram suporte na legislação, como explicitam Anjos Júnior e Neves[126]:

---

126 ANJOS JÚNIOR, Edson A. dos & NEVES, Rubia C. Atualização Jurídica da Negociação Eletrônica de Créditos no Brasil. Revista da Procuradoria-Geral do Banco Central, v. 10, p. 16-44, 2016.

> Contudo, o registro e a negociação eletrônica de direitos creditícios não têm o condão de criar títulos de crédito eletrônicos regidos pelo Direito Cambial, pois, conforme já demonstrado, para a sua criação e circulação, a forma prevista no Direito brasileiro vigente não é livre.

Resta claro, ante o exposto, que não há regulamentação para a criação de título de crédito eletrônico (o que se pretende com a duplicata virtual), pois só se admitem os títulos de crédito que preencham os requisitos da lei, pois são regidos pelo direito cambial; não se contemplando a duplicata virtual como título de crédito eletrônico, já que há lei específica para a duplicata emitida na forma cartular.

> Tal conclusão é compatível com o reconhecimento de que há negociação escritural e eletrônica de direitos de crédito que não estão submetidos ao regime jurídico dos títulos de crédito, ou seja, não se submetem ao regime jurídico do Direito Cambial brasileiro[127].

Com isso, entende-se que esse "título de crédito eletrônico", a duplicata virtual, não é instrumento apto a ensejar a falência por impontualidade do devedor, por romper

---
127 Ibid., p. 38.

com toda a lógica do regime jurídico cambial, trazendo danos imensos nessa ação pré-falimentar ao devedor.

5. Projeto do Novo Código Comercial

O atual Código Comercial (Lei 556 de 25/06/1850) foi parcialmente revogado dos artigos 1º ao 456 pelo Código Civil de 2002 (Lei 10.406/2002) na sua primeira Parte, que tratava do comércio em geral, continuando em vigor a segunda parte referente ao Comércio Marítimo, e a terceira parte foi também revogada pelo Decreto-Lei 7.661/45 e, posteriormente, pela Lei 11.101/2005.

Em 14 de junho de 2011, foi proposto pelo Deputado Federal Vicente Candido o Projeto de Lei (PL) 1.572/2011[128] cujo objetivo é instituir o Novo Código Comercial. O projeto traz na sua ementa alterações e revogações a determinados artigos do Código Civil (Lei nº 10.406/2002), da Lei de Falências (nº 11.101/2005), da Lei Uniforme de Genebra (Decreto 57.663/1966), da Lei das Duplicatas (Lei nº 5.474/1968) e outras legislações esparsas.

O último andamento do PL 1.572/2011, consultado em 10 de setembro de 2017, foi em 10 de novembro de 2016, e

---

128 CÂMARA DOS DEPUTADOS. Projeto de Lei 1.572 de 2011. Institui o Código Comercial. Disponível em: <http://www.camara.gov.br/proposicoesWeb/fichadetramitacao?idProposicao=508884>. Acesso em: 10 de setembro de 2017.

está em tramitação na Coordenação de Comissões Permanentes (CCP) na Câmara dos Deputados.

Analisando-se o teor desse Projeto de Lei, particularmente, o título III – Dos Títulos de Crédito – percebe-se a tentativa em compilar em uma única legislação os princípios e as características do direito cambial, que hoje se encontram dispersos em várias legislações esparsas.

> Art. 445. Título de crédito é o documento, cartular ou eletrônico, que contém a cláusula cambial.
>
> Art. 446. Pela cláusula cambial, o devedor de um título de crédito manifesta a concordância com a circulação do crédito sob a regência dos seguintes princípios:
>
> I – literalidade;
>
> II – autonomia das obrigações cambiais; e
>
> III – inoponibilidade das exceções pessoais aos terceiros de boa fé.

Surgirá, nesse art. 445 do Projeto do Novo Código Comercial, a normatização do título de crédito eletrônico, porém não há menção expressa a como será estruturado, criado, nem como circulará com todos os seus institutos: aceite, endosso, aval.

Atualmente, o que se encontra no art. 889, §3º do Código Civil, referente aos títulos eletrônicos, é a possibilidade de emissão do título de crédito com caracteres criados no computador, e que devem ser escriturados pelo emitente; o que já foi debatido nesse trabalho, com relação à sua admissão e à sua executividade em juízo como um título de crédito regulado pelo Direito Cambiário, pois, por conta previsão do art. 903 do Código Civil, não há sua incidência nos títulos de crédito atualmente previstos em leis esparsas, como afirma Spinelli[129].

> Ademais, além de a jurisprudência já acatar a nova realidade, existe previsão expressa no novo Código Civil da criação e circulação de títulos de crédito eletrônicos (art. 889, §3º), sendo que, ainda que não incidente sobre a legislação já existente (com a ressalva das discussões sobre a abrangência do art. 903 do NCC).

O Projeto trata de forma simplista o problema do título de crédito eletrônico, reduzindo-o apenas a uma questão de suporte, de apresentação.

> Art. 454. O título de crédito pode ter suporte cartular ou eletrônico.

---

[129] SPINELLI, Luís Felipe. Os Títulos de Crédito Eletrônicos e as suas problemáticas nos planos teórico e prático. Revista do Ministério Público do Rio Grande do Sul, n. 67, p. 117-155, 2010.

> Art. 455. O título de crédito emitido em um suporte pode ser transposto para o outro.
>
> § 1º Enquanto circular no suporte para o qual foi transposto, o suporte originário ficará sob a custódia de pessoa identificada e serão ineficazes eventuais declarações nele registradas após a transposição.
>
> § 2º O título de crédito poderá retornar ao suporte originário, cessando a eficácia daquele para o qual havia sido transposto.
>
> § 3º Em caso de negociação em mercado de balcão organizado, a transposição de suportes e o retorno ao suporte originário obedecem ao respectivo regulamento.

Apresenta-se aqui um ponto já debatido, nesse trabalho, que é a transposição do título de crédito do meio físico para o meio eletrônico e vice e versa. Não se trata de uma questão de digitalização da cártula ou a sua impressão, quando criada em meio digital para que possa circular. Ocorre que pode haver dois ou mais títulos circulando ao mesmo tempo, causando insegurança jurídica ao seu recebedor ou à instituição financeira que adianta créditos; o que, na maioria dos casos, pode ser objeto de fraude.

Como forma de validar os títulos de crédito em suporte virtual, atribui-se à assinatura eletrônica, reconhecida pela

Infraestrutura de Chaves Públicas (ICP-Brasil), a veracidade do conteúdo do documento produzido.

> Art. 456. Desde que certificadas as assinaturas no âmbito da Infraestrutura de Chaves Públicas brasileira (ICP-Brasil), nenhum título de crédito pode ter sua validade, eficácia ou executividade recusada em juízo tão somente por ter sido elaborado e mantido em meio eletrônico.

Além de as disposições com relação à Letra de Câmbio (Capítulo II) e à Nota Promissória (Capítulo III), há também da Duplicata (Capítulo IV), observando-se que há pequenas modificações no disposto na Lei 5.474/68.

Manter-se-á a previsão de sua emissão apenas para documentar transações mercantis e de prestação de serviços.

> Art. 548. Ao empresário é facultado emitir a duplicata para documentar crédito originado de:
>
> I – compra e venda; ou
>
> II – prestação de serviços.
>
> Parágrafo único. A duplicata adotará o modelo de escolha do empresário emitente.

Continua a previsão do Livro de Registro de Duplicatas, que manterá a escrituração das duplicatas emitidas, porém não há referência a meio equivalente, quando houver emissão da duplicata em suporte eletrônico.

> Art. 554. O empresário que emitir duplicata fica obrigado a escriturar o "Livro de Registro de Duplicatas".
>
> § 1º No "Livro de Registro de Duplicatas", serão escrituradas, cronologicamente, todas as duplicatas emitidas, com o número de ordem, data e valor das faturas correspondentes, nome e domicílio do sacado, anotações das reformas, prorrogações e outros fatos relevantes.
>
> § 2º Aplica-se ao "Livro de Registro de Duplicatas" o disposto neste Código relativamente à escrituração do empresário.

O aceite continuaria obrigatório, devendo apenas ser recusado nas hipóteses legais, devendo a duplicata cartular ser enviada ao sacado.

> Art. 557. O sacado só poderá deixar de aceitar a duplicata por motivo de:
>
> I – inexistência de contrato de compra e venda ou de prestação de serviços com o emitente;

> II – avaria ou não recebimento das mercadorias, salvo se expedidas ou entregues por sua conta e risco, ou não correspondência dos serviços prestados com os contratados;
>
> III – vícios, defeitos e diferenças na qualidade ou na quantidade das mercadorias ou dos serviços, devidamente comprovados;
>
> IV – divergência no prazo ou preço ajustados.
>
> Parágrafo único. Não se verificando nenhuma das hipóteses previstas neste artigo, o sacado está vinculado ao pagamento da duplicata, ainda que não a assine.
>
> Art. 558. A duplicata cartular será remetida ao sacado, nos trinta dias seguintes à emissão.

A triplicata deve ser emitida apenas nos casos retenção injustificada, extravio ou perda da duplicata cartular.

> Art. 559. A perda ou extravio da duplicata cartular, bem como sua retenção pelo sacado, autoriza o vendedor a extrair triplicata, com iguais requisitos e efeitos.

Já com relação à duplicata em suporte eletrônico, essa pode ser enviada por qualquer meio, porém o projeto não o define, nem como o sacado será comunicado por meio inequívoco de sua emissão.

> Art. 560. Em caso de duplicata em suporte eletrônico, sua emissão poderá ser, por qualquer meio, comunicada ao sacado, nos 30 (trinta) dias seguintes.
>
> Parágrafo único. Não sendo o título à vista, o sacado poderá aceitar a duplicata em suporte eletrônico por assinatura certificada no âmbito da Infraestrutura de Chaves Públicas brasileira (ICP-Brasil).

O parágrafo único do artigo 560 do PL 1.572/2011 prevê que o aceite, um instituto do direito cambiário que implica no reconhecimento de uma dívida por meio da assinatura do devedor, da duplicata em suporte eletrônico realizar-se-á com a assinatura digital certificada, quando não for à vista. Surge a dúvida, então, de como seria aposto o aceite, caso a duplicata virtual seja à vista, pois o artigo é omisso nesse caso, já que não há a duplicata cartular.

Há, no artigo seguinte do projeto de lei, a previsão do protesto por indicação no caso da duplicata em suporte eletrônico; diferentemente da lei atual, que dispõe que esse tipo de protesto ocorre quando a duplicata não for aceita e não for devolvida.

> Art. 565. A duplicata é protestável por falta de aceite ou de pagamento.
>
> § 1º O protesto será tirado mediante apresentação da duplicata cartular ou por simples indicações do credor, emitente ou endossatário.
>
> § 2º O protesto também será tirado por simples indicações do credor em caso de duplicata em suporte eletrônico. (...)

Causa bastante estranheza o artigo seguinte do Projeto do Novo Código Comercial, que acaba com qualquer comprovação de cumprimento do contrato originário da duplicata, por dispensar de apresentação a documentação comprobatória de entrega e recebimento da mercadoria ou da prestação de serviço no caso da duplicata eletrônica.

> Art. 567. Nos casos de protesto por indicações do credor, o instrumento deverá conter os requisitos legais, exceto a transcrição do título, que será substituída pela reprodução das indicações feitas.
>
> Parágrafo único. Para o fim do disposto neste artigo e no caso de duplicata em suporte eletrônico, a documentação comprobatória de entrega e recebimento da

mercadoria ou da prestação de serviço poderá ser substituída por declaração feita pelo credor, sob as penas da lei, de que tal documentação encontra-se em seu poder e a exibirá quando e onde for exigido.

Bastará, assim, a simples declaração do credor de que o negócio jurídico foi descumprido, para haver o protesto do título por indicações do credor ou do portador no caso da duplicata em suporte eletrônico. Nessa hipótese, o sacado ou o tomador de serviços ficaria sempre condicionado ao credor, que poderia protestar o título a qualquer tempo, mesmo sem qualquer comprovação.

É o que já vem acontecendo com o protesto do boleto bancário no lugar da duplicata em meio físico. Entretanto, ainda vinha se exigindo a comprovação de que a mercadoria fosse entregue ou de que o serviço fosse realizado, para que houvesse o protesto por indicações, e, consequentemente, a execução extrajudicial instruída com esses documentos; o que também foge às regras estabelecidas pela Lei das Duplicatas.

Apenas a declaração do credor de que o negócio jurídico base da duplicata foi concretizado ou não, torna as transações comerciais bastante frágeis, pois a documentação que deveria estar em seu poder, para posterior apresentação, pode ser extraviada nesse período de tempo. Ficaria, assim, o devedor em situação de vulnerabilidade perante o credor, que possui todas as formas de cobrança e protesto possíveis com um menor rigor jurídico.

Muito embora o Projeto do Novo Código Comercial preveja o título de crédito nos suportes cartular ou eletrônico, e a assinatura pelo seu emitente e pelo sacado/aceitante através de assinatura digital (ICP- Brasil), não resolve, entretanto, como serão apostos o aval e o endosso nesse documento eletrônico, nem como será estruturado ou será posto em circulação o título de crédito em suporte eletrônico, com observância às normas do Direito Cambial.

Não basta para o título de crédito circular que seja confeccionado em meio eletrônico; o que há, na verdade, é uma circulação do crédito no meio digital e não do próprio título. Formas reducionistas, como essas, não atendem de maneira satisfatória ao ágil comércio eletrônico de bens e serviços nem ao regramento do Direito Cambiário.

A Lei 11.101/2005, por esse PL, passará a se chamar com a entrada em vigor do Novo Código Comercial em "Lei

Processual de Recuperação e Falência" (art. 666), pois passará a regular apenas as disposições processuais da Recuperação Judicial e da Falência, já que o direito material seria regulado pelo Novo Código. Assim, o art. 94, I, da Lei 11.101/2005, objeto também desse trabalho, não restaria alterado ou revogado pelo Novo Código Comercial, por trazer aquela lei o procedimento para decretação da falência, baseada no título ou nos títulos executivos protestados que ultrapassem quarenta salários mínimos.

Há previsão no art. 668 do PL de alteração do art. 172 do Código Penal, que passaria a ter a seguinte redação:

> Art. 172. Expedir duplicata que não corresponda:
>
> I – a venda efetiva de bens ou a real prestação de serviço; ou
>
> II – à mercadoria vendida, em quantidade ou qualidade, ou ao serviço prestado:
>
> Pena – detenção, de dois a quatro anos, e multa.
>
> Parágrafo único. Nas mesmas penas incorrerá aquele que aceitar duplicata emitida na hipótese do inciso I ou falsificar ou adulterar a escrituração do Livro de Registro de Duplicatas.

Essa nova redação do artigo 172 do Código Penal inclui expressamente no inciso I a emissão de duplicata simulada, caso não haja a venda ou a prestação de serviço real, restringindo-se o elemento normativo do tipo apenas à duplicata, e não mais à fatura ou à nota de venda.

Nucci[130] já admite que o art. 172, CP, também contempla essa hipótese, caso não haja venda ou prestação de serviço efetiva.

> Ora, é natural supor que a emissão de duplicata quando o comerciante não efetuou venda alguma também é crime, pois seria logicamente inconsistente punir quem emite o documento em desacordo com a venda efetiva realizada, mas não quando faz o mesmo, sem nada ter comercializado. Assim, onde se lê, no tipo penal, "venda que não corresponda à mercadoria vendida", leia-se ainda "venda inexistente";

Esse entendimento também é admitido pelo STJ:

> DECISÃO
>
> Trata-se de recurso especial interposto por WANDERLEI MAXIMIANO DE PAULA, (...) **Tipicidade da falta - Processo de**

---

130 Op. Cit., p. 76.

subordinação típica que abrange também a emissão de duplicata em caso de venda inexistente - Recurso improvido (fl. 360) (...)

A seu turno, não se há cogitar da atipicidade do fato. Isso porque a interpretação do artigo 172 do Código Penal - o qual incrimina a emissão de fatura, duplicata ou nota de venda que não corresponda, em qualidade ou quantidade, à mercadoria vendida ou serviço prestado - **revela que a vontade da lei é também abarcar o fato mais austero: em que o agente emite a cambial quando inexistente o negócio.** Seria, não se pode olvidar, um contrassenso concluir que a legislação houvesse cuidado apenas da tipificação de comportamento menos gravoso, em que há mero descompasso entre o título sacado e o negócio correspondente, e deixado sem consequência penal aquele de maior reprovabilidade social. (...)

Trata-se de decorrência natural da interpretação extensiva que se pode - e deve - fazer do tipo penal. Dessarte, não obstante as discussões sobre a abrangência da conduta tipificada no dispositivo penal, mormente em decorrência da sua literalidade, **é certo que este Superior Tribunal de Justiça possui entendimento no sentido de que o delito previsto no art. 172 do CP se configura também nas hipóteses em que a duplicata for emitida**

com informações falsas, sem que tenha sido realizada qualquer venda de mercadoria ou prestação de serviço, tal como ocorreu na espécie.
(**STJ** - REsp 1646924 - SP 2017/0003795-7. Relator: Ministro Jorge Mussi. **Publicação: DJe 22/02/2017.**) [grifos nossos]

Ressalta-se também que o legislador não previu a criminalização da forma de escrituração eletrônica que, por ventura, teria a duplicata em suporte eletrônico, pois tipifica penalmente apenas o Livro de Registro das Duplicatas, que mantém a forma documental física.

Ante o exposto, percebe-se que o Projeto do Novo Código Comercial se propõe a trazer uma compilação em um único documento de legislações esparsas, trazendo um ar de modernidade com palavras como "eletrônico", "substituição", quando, na verdade, em muitas partes, copia as legislações já existentes; o que pode trazer ainda mais problemas, já que flexibiliza formalidades imprescindíveis para a segurança dos negócios jurídicos que são regidos pelo Direito Cambiário.

É preciso maior discussão quanto ao proposto no PL 1572/2011 antes de sua aprovação final, de forma a não se complicarem institutos e princípios do Direito Cambiário, trazendo desconfiança e instabilidade às transações do mundo dos negócios, abrindo-se portas para possíveis fraudes.

Considerações Finais

Os títulos de crédito são documentos que possibilitam a circulação dos direitos neles contidos, regulamentados pelo Direito Cambial, e que devem preencher os requisitos legais; só podem ser criados por lei, pois possuem uma disciplina rígida, a fim de se possibilitar segurança jurídica às relações comerciais em que se apresentam.

A pesquisa apresentou que o ordenamento jurídico não abrange esse título eletrônico, com todas as facetas de um título de crédito, ao assemelhá-lo à duplicata prevista em lei. Pode ser percebido que é feita uma miscelânea das disposições do Direito Cambial, flexibilizando-se regras e princípios, com interpretações não autorizativas de circulação do título de crédito de forma eletrônica, quando o que se permite é apenas a sua emissão dessa forma, já que o Código Civil não se aplica quando houver disposição em lei específica, como prevê o art. 903 do Código Civil.

Conquanto seja enaltecida a criação dos títulos eletrônicos, em especial, a duplicata virtual, para que o comércio eletrônico seja mais ágil e eficiente, percebe-se que esse título trata-se, na verdade, de um título escritural, cujo crédito também é escritural e que circula de forma eletrônica. Pretende-se a circulação do próprio título e de seus direitos, tal qual um título de crédito, ainda que isso não aconteça, pois o regramento cambial é o que proporciona segurança jurídica à circulação dos títulos de crédito, o que não ocorre com os títulos eletrônicos.

Embora a duplicata virtual seja tratada por alguns juristas como um título de crédito em estado latente ou potencial, podendo ser impressa a qualquer tempo, permitindo-se, inclusive, seu protesto por indicações, pesquisou-se que com a duplicata cartular prevista na lei, é preciso que se sigam vários dispositivos legais, para que possa ser protestada por indicações, e que esses requisitos são indispensáveis para que se instrua a ação de cobrança.

Observou-se, nesse estudo, que a duplicata virtual, embora sirva como documentação de crédito escritural, precisa ser impressa para que se possa proceder às ações executivas singular ou coletiva, como já debatido nesse trabalho, ou caso não seja impressa, ficará a cargo do magistrado a sua força probante. Dessa forma, percebe-se que a legislação não abrange esses tipos de ocorrências, apesar de tratar como se fossem a mesma coisa.

Outra questão importante que foi analisada, nesse trabalho, foi que o boleto bancário não é documento apto a ser protestado, porquanto não configura título ou documento de dívida, pois representa um aviso de cobrança, um instrumento para pagamento do devedor, logo não pode ser exigido em juízo pelas instituições financeiras. Assim, a doutrina e a jurisprudência, ao chancelarem a cobrança em juízo da duplicata virtual, por meio do boleto bancário, afastam-se totalmente do preconizado na disciplina dos títulos de crédito, que são os verdadeiros instrumentos aptos a embasarem um processo executivo ou uma ação pré-falimentar.

Não cabe o protesto do boleto bancário, que não configura título representativo de dívida nem tampouco é título de crédito, já que a duplicata sequer é enviada ao sacado. Mesmo que haja o comprovante de entrega das mercadorias ou da prestação de serviço, o boleto bancário não pode instruir um processo de execução com base em uma duplicata virtual ou escritural, que é apenas um título eletrônico e não de crédito nos moldes do regramento atual.

Deveria haver uma nova legislação que abarcasse essas mudanças tecnológicas para permitir que os títulos de crédito também pudessem ser eletrônicos. A questão não é apenas de suporte cartáceo ou eletrônico, como se explicitou anteriormente, e o Projeto de Lei que está sendo debatido, a fim de trazer o Novo Código Comercial, não responde também diversas questões explicitadas atinentes aos títulos de crédito em suporte eletrônico.

Porém, a pesquisa está longe de esgotar o tema e espera-se que futuros estudos e debates legislativos possam aperfeiçoar o regime cambiário, para que práticas recorrentes no mundo negocial sejam compatibilizadas com o ordenamento jurídico, sem que se afastem a legalidade, a segurança jurídica e a confiança que orientam as transações comerciais contemporâneas.

Referências Bibliográficas

ALVES, Alexandre F. de A. & FARIA, Livia S. **Desmaterialização de Documentos e Títulos de Crédito: razões, consequências e desafios**, 2009. Disponível em: <http://www.academia.edu/15745407/Alexandre_Assumpção_Desmaterialização_de_documentos_e_títulos_de_crédito>. Acesso em: 18 de janeiro de 2016.

ANJOS JÚNIOR, Edson A. dos & NEVES, Rubia C. Atualização Jurídica da Negociação Eletrônica de Créditos no Brasil. **Revista da Procuradoria-Geral do Banco Central**, v. 10, p. 16-44, 2016.

ÁVILA, Humberto B. **Teoria dos Princípios**. 4. ed. São Paulo: Malheiros Editores, 2005.

BANCO DO BRASIL. **Depósito em cheque pelo celular.** Disponível em: <http://www.bb.com.br/pbb/pagina-inicial/estilo/produtos-e-servicos/contas/deposito-em-cheque-pelo-celular#>. Acesso em: 26 de julho de 2017.

BANCO ITAÚ. **Desconto de Duplicatas.** Disponível em: <https://ww2.itau.com.br/upj/fin_desc_dupl_ch_descdup.htm>. Acesso em: 02 de novembro de 2017.

BARROSO, Luís B. **Curso de Direito Constitucional Contemporâneo.** 4. ed. São Paulo: Saraiva, 2013.

BITENCOURT, Cezar R. **Tratado de Direito Penal.** 10. ed., v. 3. São Paulo: Saraiva, 2014.

BORBA, Gustavo T. **A Desmaterialização dos Títulos de Crédito,** 2011. Disponível em: <http://www.tavaresborba.com.br/wp-content/uploads/2011/11/artigo05.pdf>. Acesso em: 02 de agosto de 2017.

BRASIL. Conselho Nacional de Justiça. **Justiça em Números,** 2017. Disponível em: <Nhttp://paineis.cnj.jus.br/QvAJAXZfc/opendoc.htm?document=qvw_l%2FPainelCNJ.qvw&host=QVS%40neodimio03&anonymous=true&sheet=shResumoDespFT>. Acesso em: 02 de novembro de 2017.

BRASIL. Conselho Nacional de Justiça. **Metas de Nivelamento,** 2009. Disponível em: <http://www.cnj.jus.br/gestao-e-planejamento/metas/metas-de-

exercicios-anteriores/metas-2009>. Acesso em: 19 de janeiro de 2016.

BRASIL. **Constituição da República Federativa do Brasil de 1988.** Disponível em: <http://www.planalto.gov.br/ccivil_03/constituicao/constituicao.htm>. Acesso em: 04 de fevereiro de 2017.

BRASIL. **Decreto 2.044, de 31 de dezembro de 1908.** Define a letra de câmbio e a nota promissória e regula as Operações Cambiais. Disponível em: < http://www.planalto.gov.br/ccivil_03/decreto/Historicos/DPL/DPL2044.htm>. Acesso em: 01 de junho de 2016.

BRASIL. **Decreto 57.663, de 24 de janeiro de 1966.** Promulga as Convenções para adoção de uma lei uniforme em máteria de letras de câmbio e notas promissórias. Disponível em: < http://www.planalto.gov.br/ccivil_03/decreto/antigos/d57663.htm>. Acesso em: 14 de fevereiro de 2016.

BRASIL. **Decreto-Lei 2.848, de 07 de dezembro de 1940.** Código Penal. Disponível em: http://www.planalto.gov.br/ccivil_03/decreto-lei/Del2848compilado.htm>. Acesso em: 22 de abril de 2017.

BRASIL. **Lei 10.406, de 10 de janeiro de 2002**. Institui o Código Civil. Disponível em: <http://www.planalto.gov.br/ccivil_03/leis/2002/l10406.htm>. Acesso em: 21 de janeiro de 2016.

BRASIL. **Lei 11.101, de 09 de fevereiro de 2015.** Regula a recuperação judicial, a extrajudicial e a falência do empresário e da sociedade empresária. Disponível em: <http://www.planalto.gov.br/ccivil_03/_ato2004-2006/2005/lei/l11101.htm>. Acesso em: 15 de junho de 2016.

BRASIL. **Lei 11.419 de 19 de dezembro de 2006.** Dispõe sobre a informatização do processo judicial. Disponível em: <http://www.planalto.gov.br/ccivil_03/_ato2004-2006/2006/lei/l11419.htm>. Acesso em: 19 de janeiro de 2016.

BRASIL. **Lei 13.105, de 16 de março de 2015**. Código de Processo Civil. Disponível em: <https://www.planalto.gov.br/ccivil_03/_ato2015-2018/2015/lei/l13105.htm>. Acesso em: 21 de janeiro de 2016.

BRASIL. **Lei 5.474, de 18 de julho de 1968.** Dispõe sobre as Duplicatas. Disponível em: < http://www.planalto.gov.br/ccivil_03/leis/L5474.htm>. Acesso em 19 de janeiro de 2016.

BRASIL. **Lei 8.137, de 27 de dezembro de 1990.** Define crimes contra a ordem tributária, econômica e contra as relações de consumo. Disponível em: < http://www.planalto.gov.br/ccivil_03/leis/L8137.htm>. Acesso em: 22 de abril de 2017.

BRASIL. **Lei 8.935, de 18 de novembro de 1994.** Lei dos cartórios. Disponível em: < http://www.planalto.gov.br/ccivil_03/leis/L8935.htm>. Acesso em: 15 de março de 2016.

BRASIL. **Lei 9.492, de 10 de setembro de 1997.** Define competência, regulamenta os serviços concernentes ao protesto de títulos e outros documentos de dívida. Disponível em: < http://www.planalto.gov.br/ccivil_03/leis/L9492.htm>. Acesso em: 13 de outubro de 2016.

BRASIL. Superior Tribunal de Justiça. **AgInt no AREsp 265503/SP.** Agravante: Ello-Cred Consultoria e Fomento Mercantil LTDA – EPP. Agravado: Allimar Indústria e Comércio de Móveis LTDA e outro. Relatora: Ministra Maria Isabel Gallotti. Diário da Justiça Eletrônico, Brasília, 28 de novembro de 2016.

BRASIL. Superior Tribunal de Justiça. **AgRg no AREsp 350896/MG**. Agravante: BRASFOND Fundações Especiais S/A. Agravado: COGEFE Engenharia e Comércio e Empreendimentos LTDA. Relator: Ministro João Otávio Noronha. Diário da Justiça Eletrônico, Brasília, 28 de março de 2016.

BRASIL. Superior Tribunal de Justiça. **AgRg no AREsp 500432/SC**. Agravante: Spfti Bonni Indústria do Vestuário LTDA. Agravado: Avanti Indústria Comércio Importação e Exportação LTDA. Relator: Ministro Luis Felipe Salomão. Diário da Justiça Eletrônico, Brasília, 10 de março de 2015.

BRASIL. Superior Tribunal de Justiça. **AgRg no REsp 1.122.995/AL**. Agravante: Manoel Alves Ferreira e outro. Agravado: Banco do Brasil S/A. Relator: Ministro Marco Buzzi. Diário da Justiça Eletrônico, Brasília, 01 de agosto de 2014.

BRASIL. Superior Tribunal de Justiça. **AgRg no REsp 1.459.589/MG**. Recorrente: Banco Rural S/A – Em Liquidação Extrajudicial. Recorrido: Tubonal S/A – Em Recuperação Judicial e Outros. Relator: Ministro Marco Aurélio Bellizze. Diário da Justiça Eletrônico, Brasília, 04 de dezembro de 2014.

BRASIL. Superior Tribunal de Justiça. **AgRg nos EDcl no Ag 659.878/RS**. Agravante: Banco do Estado do Rio Grande do Sul S/A – BANRISUL. Agravado: Lucas Minski. Relatora: Ministra Maria Isabel Gallotti. Diário da Justiça Eletrônico, Brasília, 14 de fevereiro de 2013.

BRASIL. Superior Tribunal de Justiça. **REsp 1.024.691/PR**. Informativo 467, de 21 a 25 de março de 2011. Recorrente: Pawlowski & Pawlowski Ltda. Recorrido: Petrobrás Distribuidora S/A. Relatora: Ministra Nancy Andrighi. Diário da Justiça Eletrônico, Brasília, 12 de abril de 2011.

BRASIL. Superior Tribunal de Justiça. **REsp 1.354.776/MG**. Informativo 547, de 8 de outubro de 2014. Recorrente: UNIPAR Comercial e Distribuidora S/A. Recorrido: CL-Indústria e Comércio de Plásticos LTDA – Microempresa. Relator: Ministro Paulo de Tarso Sanseverino. Diário da Justiça Eletrônico, Brasília, 26 de agosto de 2014.

BRASIL. Superior Tribunal de Justiça. **REsp 986.972/MS**. Informativo 506, de 04 a 17 de outubro de 2012. Recorrente: Couro Azul Comércio de Couro LTDA e outro. Recorrido: Banco Industrial e Comercial S/A. Relator: Ministro Luis

Felipe Salomão. Diário da Justiça Eletrônico, Brasília, 23 de outubro de 2012.

BRASIL. Superior Tribunal de Justiça. **REsp 1.646.924/SP.** Recorrente: Wanderli Maximiniano de Paula. Recorrido: Ministério Público do Estado de São Paulo. Relator: Ministro Jorge Mussi. Diário da Justiça Eletrônico, Brasília, 22 de fevereiro de 2017.

BRASIL. Superior Tribunal de Justiça. **Súmula 475.** Diário da Justiça Eletrônico, Brasília, 19 de junho de 2012.

BRASIL. Supremo Tribunal Federal. **Súmula Vinculante 24.** Diário da Justiça Eletrônico, Brasília, 11 de dezembro de 2009.

CAIXA ECONÔMICA FEDERAL. **Desconto de Duplicatas.** Disponível em: <http://www.caixa.gov.br/empresa/credito-financiamento/antecipacao-de-receitas/desconto-de-duplicatas/Paginas/default.aspx>. Acesso em: 02 de novembro de 2017.

CÂMARA DOS DEPUTADOS. **Projeto de Lei 1.572 de 2011.** Institui o Código Comercial. Disponível em: <http://www.camara.gov.br/proposicoesWeb/fichadetramitacao?idProposicao=508884>. Acesso em: 10 de setembro de 2017.

CÂMARA, Alexandre F. **O Novo Processo Civil Brasileiro.** São Paulo: Atlas, 2015.

CAMPINHO, Sérgio. **Falência e Recuperação de Empresa:** O Novo Regime da Insolvência Empresarial. 2. ed. São Paulo: Renovar, 2006.

CARVALHO FILHO, José dos S. **Manual de Direito Administrativo.** 28. ed. São Paulo: Atlas, 2015.

CETIP. **Institucional.** Disponível em: <https://www.cetip.com.br/Institucional/seguran%C3%A7a-que-move-o-mercado#!>. Acesso em: 02 de agosto de 2017.

COELHO, Fábio U. **Curso de Direito Comercial.** 18. ed., v. 1. São Paulo: Saraiva, 2014.

DIDIER JÚNIOR, Fredie S.; CUNHA, Leonardo C. da; BRAGA, Paula S.; OLIVEIRA, Rafael A. de. **Curso de Direito Processual Civil: Execução.** 7. ed. Salvador: Ed. JusPodivm, 2017.

DONIZETTI, Elpídio. **Documentos Eletrônicos**, 2017. Disponível em: < https://portalied.jusbrasil.com.br/artigos/447339705/document

os-eletronicos?ref=topic_feed>. Acesso em: 26 de julho de 2017.

FERNANDES, Jean C. & TOLEDO, Alejandro M. Desmaterialização e imaterialização dos títulos de crédito do agronegócio e a sua executividade. **Revista da Associação dos Juízes do Rio Grande do Sul - AJURIS**, v. 41, n. 135, p. 115-135, 2014. Disponível em: <http://www.ajuris.org.br/OJS2/index.php/REVAJURIS/article/view/331>. Acesso em 02 de agosto de 2017.

FERNANDES, Jean C. O Abuso de Direito no Protesto de Boleto Bancário. **Revista de Direito Privado**, v. 28, p. 44-51, 2006.

FERREIRA, Aurélio B. de H. **Dicionário da Língua Portuguesa**. Rio de Janeiro: Editora Nova Fronteira, 2001.

FRONTINI, Paulo S. Títulos de Crédito e Títulos Circulatórios: que futuro a informática lhes reserva? Rol e funções à vista de sua crescente desmaterialização. **Revista dos Tribunais**, v. 730, p. 50-64, 1996.

IBM KNOWLEDGE CENTER. **Criptografia de Chave Pública.** Disponível em:

<https://www.ibm.com/support/knowledgecenter/pt-br/SSKM8N_8.0.0/com.ibm.etools.mft.doc/ac55940_.htm>. Acesso em: 26 de julho de 2017.

LAWINTER. **Lei Modelo da UNCITRAL sobre Comércio Eletrônico**. Resolução 51/162 da Assembleia Geral de 16 de dezembro de 1996, aprovada pela Organização das Nações Unidas (ONU). Disponível em: <http://www.lawinter.com/1uncitrallawinter.htm>. Acesso em: 18 de janeiro de 2016.

MARTINS, Fran. **Títulos de Crédito**. 14. ed. Rio de Janeiro: Forense, 2008.

MARTINS, Fran. **Títulos de Crédito**. 16. ed. Atualização Joaquim Penalva Santos e Paulo Penalva Santos. Rio de Janeiro: Forense, 2013.

NEVES, Daniel A. A. **Manual de Direito Processual Civil**. 8. ed. Salvador: Ed. JusPodivm, 2016.

NEVES, Daniel. **Princípios da Execução**, 2010. Disponível em: <http://www.professordanielneves.com.br/assets/uploads/novid

ades/201011151812300.principiosdaexecucao.pdf >. Acesso em: 22 de junho de 2017.

NUCCI, Guilherme de S. **Manual de Direito Penal.** 10. ed. Rio de Janeiro: Forense, 2014.

PARENTONI, Leonardo N. A Duplicata Virtual e os Títulos de Crédito Eletrônicos. **Revista da Faculdade de Direito da UFMG**, n. 65, p. 409-465, 2014.

REQUIÃO, Rubens. **Curso de Direito Comercial.** 29. ed., v. 2. São Paulo: Saraiva, 2012.

RESOLUÇÃO MERCOSUL/GMC EXT./P. RES. Nº 34/06, 2006. http://www.mercosur.int/msweb/portal%20intermediario/Normas/normas_web/Resoluciones/PT/GMC_2006_RES_034_PT_Directrices.pdf>. Acesso em: 18 de janeiro de 2016.

RESOLUÇÃO MERCOSUR/GMC EXT./RES. Nº 37/06, 2006. Disponível em: <http://www.sice.oas.org/Trade/MRCSRS/Resolutions/Res3706p.pdf>. Acesso em: 18 de janeiro de 2016.

SPINELLI, Luís F. Os Títulos de Crédito Eletrônicos e as suas problemáticas nos planos teórico e prático. **Revista do Ministério Público do Rio Grande do Sul**, n. 67, p. 117-155, 2010.

TOMAZETTE, Marlon. A Duplicata Virtual. **Revista dos Tribunais**, v. 807, p. 725-739, 2003.

www.ingramcontent.com/pod-product-compliance
Lightning Source LLC
Chambersburg PA
CBHW050000230526
45465CB00003BB/1181